大是文化

散漫者的學習法

給坐不住30分鐘以上，
考試仍想金榜題名的你。

只準備100天就考取韓國五級公務員、
網路點擊超過150萬次《最近公務員的告白》作者
金應準——著　林侑毅——譯

Contents

第五章 就算散漫，還是要增強動機 133

推薦序一

散漫者也能找到最適合自己的成功姿態

《英語自學王》作者／鄭錫懋

俗話說：「一枝草，一點露。」如果你自覺一直很魯，那只是因為成功還沒顯露。換個角度、彎道加速，找回學習自主，相信你也能夠步上坦途。

本書作者，稱自己為散漫者，他在求學階段，因為無法久坐讀書，又習慣東張西望，甚至獲得了狐獴的綽號。我則是從小經常失敗的「魯蛇」，閱讀本書時，我常常也想起了年少的自己，青澀、自我懷疑而且無助。

身為臺灣考試制度下，掙扎求生的六年級生，考試一直是揮之不去的夢魘。我甚至因為不擅長考試，大一英文重修了三次，大學讀了六年才勉強畢業。

恆常失敗的我，在二十四歲時開始自學英語，在沒有進度壓力、沒有老師催逼的自在節奏裡，取得了人生初次的成功，也就是學會使用英語。那是我第一次清楚的確信：「每個人並不相同，我不需要用和大家同樣的方法，也能取得屬於自己的成功。」我真心相信，你也可以，找到自己最適合的成功姿態。

韓國的考試壓力，完全不亞於臺灣，甚至更加激烈。期中考試、升學聯考，甚至求職面試的考試，都像是殘酷的淘汰賽。在這樣高強度的競爭制度裡，作者不只以散漫者的身分挺了過來，還通過了韓國五級公務員考試。

而在這本書，他示範了散漫者的成功姿態，也展現了散漫者成功的可能。從日常生活訣竅、學習注意事項、單科學習技巧，一路談到如何克服考試緊張。

不走傳統學習方法論的正常路線，而是真實呈現散漫者的痛點與掙扎，既是心靈雞湯，鼓勵失去鬥志的讀者；亦是心靈耳光，一掌打醒讀者的錯誤認知。接受自己難以改變的先天性格，調整自己最適宜的有效策略，誰說散漫者就註定無法成功！

而我最喜歡書裡提到，作者小學二年級時，因為上課不專心，被老師賞了一巴掌，重重的責備了一番。這一巴掌，不只打在臉上，也打在他的心上，回到家後，他把自己鎖在房間裡，不只房門關了，心門也關了起來。

父母見狀，趕緊過來問候，他見父母如此關心，勇敢掏出了心裡的疑惑，問道：「散漫就讀不好書嗎？」

每個孩子，都有這樣的關鍵叩問時刻，大人們的回答，往往就決定了孩子的心門，會再一次的開啟，或者，永久的鎖上。

作者的父母，給了他人生最重要的回答：「散漫也沒關係。每個人只是性格不一樣而已，優缺點不是天注定的。讀書是看你的努力，我們相信你會有好的表現，不用擔心。」

沒有「我們相信你」這句話，就沒有後來的故事，也沒有這本書了！作者說：「父母鼓勵我的那晚、那一席話，至今依然是支持著我的力量。因為他們真心理解我的那一刻，讓我覺得自己無所不能。」

你也是讀書考試充滿挫折感的散漫者嗎？作者藉由過來人經驗，希望藉著這本書，讓你得到支持，讓你開始也能相信，自己無所不能。

推薦序二

散漫個性＋積極作為＝成功錄取

《拆解考試的技術》作者、知名企管講師／趙胤丞

我拜讀過很多有關學習的書，主要以談腦科學跟成功的讀書方法為主，能夠成書都是作者分享不錯的學習法，而讀者也可以挑選自己頻率相近的書籍學習。

第一次看到《散漫者的學習法》這樣的書，仔細拜讀後，經常會心一笑，因為作者的文筆真的平易近人，把散漫者的腦中思維，透過詼諧感性手法，寫得很有共鳴感，讓人覺得好像他在身旁跟我對話一樣，而內容也寫到很多學習者的心坎去了，是一本很容易親近的書籍。

以下就我對散漫者的四個觀察：

一、**「自覺的」散漫者**。作者自謙有點懶散，我覺得是很棒的自我覺察。我的恩師陳怡安博士曾說：「自覺，是治療的開始。」當我們覺察到自己不足的時候，不用感到挫折，而是知道這是事實，並對於未來有所嚮往，那份發自內心的嚮往是可以改變行為的。

作者知道自己不擅長專注，過往被冠上「狐獴」稱號，經過長時間迭代優化，找到了能夠提高專注力的學習法，這都多虧他的自覺。

二、**「積極的」散漫者**。無法坐超過三十分鐘以上是種限制，但作者並沒有怨天尤人，並沒有因自己不會讀書而放棄。作者腦中有問題意識，思考著發生原因以及未來如何因應。學習不好，很多人都會直接花更多時間閱讀，但真的不是讀書時間多寡問題，要聚焦的是讀書品質。

《散漫者的學習法》講到一個核心關鍵：不斤斤計較學習的時間，而是經常思考如何運用時間。我覺得這樣作法很積極，因為知道自己不擅長的領域，而積極找方法追求突破，逐步改善，這也讓他在一百天內可以展現出驚人成果。

三、**「自律的」散漫者**。看到作者每天早上七點坐在書桌前的方法，真的不能同意更多。讓習慣自主動作帶著我們前進，雖然內心抗拒，但身體很自然就開始行動，自己持續穩定的產出前進，這也是養成好習慣產生的複利效應，也可以幫助我們克服惰性跟疲憊感，進而甩掉乏味日常。

自律踐行一段時間「讓自己跟上進度」後，就能展現豐沛成果。務必要讓時間成為你的朋友，善用書中的方法推進也是很棒的方式。

四、「聚焦的」散漫者。散漫者更需聚焦，反覆閱讀一本書才能「讀透」，有無法理解的內容也不可能含糊帶過，務必理解清楚透徹，才能將重點內容牢記心中，呼應《論語．為政》：「知之為知之，不知為不知，是知也。」散漫者不要同時擔心考試分數跟知識內容，而是聚焦在了解與熟悉知識內容，善用知識框架，透過框架整理重點，我認為這才是高效學習的真理。

我覺得作者很有人味，終極關懷是提高學習效率，在日常生活中尋找幸福，希望你也能活出自己的暢快人生。誠摯推薦《散漫者的學習法》。

前言

寫給坐不住卻想金榜題名的你

國小二年級的某天，老師沒來由搧了我一巴掌。我聽見他說：「你這孩子為什麼這麼散漫啊？這樣讀得好書嗎？」我之所以至今依然清楚記得那件事，不是因為被搧巴掌的回憶太過衝擊，而是因為在那之後，我的人生一直在思考自己「散漫」的天性和局限。

專注力只有短短三十分鐘的我，總是羨慕朋友們能乖乖坐下來，連續讀書兩個小時。看著他們的樣子，我擔心輸人一截的不安油然而生，這個不安便成為我尋找高效學習法的契機。雖然專注的時間短，我依然想得到好成績，經過多次嘗試失敗後，我終於領悟出有效的學習方法。

想要提高學習的效率，就必須在該學習時學習，該休息時休息。高速公路上，不也是每十公里立一個標示牌嗎？當你昏昏欲睡時，拜託就去休息吧。只不過有個前提，在學習的時候，必須認真實踐高效學習法。本書所介紹的方法，正是我親身嘗試過的學習法中，效果最好的。

在進入正文前，先坦白告訴各位幾個祕密。

一、我寫這本書的時候，無論如何都不說「給我坐好坐滿」。

跟學習法有關的書裡一定會出現的句子，我是不會放的。這不是說我明明要談學習，卻不肯多露幾手。我將在書中老實交代為什麼我無法久坐，以及什麼是適合散漫者的K書法。

在備考期間，我經常被無力感籠罩，不過只要一坐下來，我一定盡全力讀書；休息的時候，我也一定盡情放鬆。從結果來說，**重要的並不是學習了多久，如何有效運用有限的時間，才是決定不同結果的關鍵**，這是我屢試不爽的經驗。

二、我最想說的是「丟掉教科書」。

這不是說教科書不重要。我的立場是學習必須使用教科書，只是想要好好學習的時候，別貿然跳進教科書裡。那樣很容易花太多時間在理解看不懂的內容，重要的是，**在讀教科書之前，先區分會和不會的地方。**因為不會的部分需要集中精神閱讀，才能有效默背下來。**先花二十分鐘左右回想教科書的內容，再花十分鐘讀熟，是最恰當的節奏。回想教科書內容不必非得在書桌前進行，只要熟記，就能帶給散漫者極大的幫助。**

三、每個方法我都親身體驗過。

我只介紹自己親身體驗過，並且確實有效的技巧，其中包含克服意志消沉的方法、運動和睡眠等健康管理的方法。

有一點我可以自信的告訴各位，那就是我這個人基本上是「非常散漫的」。對於和我有著類似特質而感到苦惱的人，我希望帶給你們繼續前進的力量和勇氣。只要能提供幫助，哪怕只有一點也好，我都會非常高興，因為唯有經歷過的人才知道，容易分心的人要集中注意力去學習是多麼痛苦的事。

「我很懶，辦不到。」這種事並不存在，散漫只要加點改變就能改善。世界上除了學習之外，還有許多有趣的事。如果你是那種死前有許多事情想做，因而把擺脫不掉的學習看作是人生阻礙的人；或者你是想快點結束考試，才能盡情探索自己無限可能的人，那麼建議你來讀這本書。這一定不會是無聊的閱讀經驗。

第 **1** 章

改變不了散漫DNA，就改用散漫K書法

學生時期每當下課鐘聲響起，我總會彈跳般的衝向教室外。縱使花再多時間努力讓自己變得沉穩，也只是枉然。

我這才明白，比起變得沉穩，尋找最適合散漫態度的學習法才是最快的。

01 我，沒辦法乖乖坐超過三十分鐘

下課倒數十分鐘。今天依然盯著時鐘，簡直要望穿秋水。

「十分鐘……五分鐘……一分鐘……五秒、四秒、三秒、一秒！」

嘈雜的下課鐘聲響起。我立刻從座位上跳起來，像是彈跳的彈簧般衝向教室外，其實也沒有什麼特別緊急的事，只是逃出教室的解脫感催促著我。

乖乖坐下來專心聽課，對我而言是不可能的任務。我所擁有的耐性，完全不足以應付校園生活，所以只要一到上課時間，我必定開始倒數下課時間。

我常在想，我的身體裡搞不好有蚯蚓在血管裡爬，越是倒數計時，蚯蚓的體型越變越大。在課程結束的五分鐘前，這條蚯蚓變成了蛇，又在剩不到十秒時，忽然變成巨大的蟒蛇，纏繞著我的身體。我感到極度不適，快要喘不過氣，全身搔癢難耐。老師上課的時候，我只能盯著時鐘，在心裡默默倒數計時。本來還會抖腳，後來被父母罵說「男抖窮，女抖賤」，才改掉了抖腳的習慣。

說得誇張一點，在十四歲到十九歲的求學期間，我總共倒數計時八千六百四十次。國中三年加上高中三年的六年，扣除寒暑假的時間，每年去學校的日子大約有兩百四十天（八個月），假設一天平均上六堂課，就是八千六百四十（六×兩百四十×六）次。

我還記得第兩千次左右的倒數計時。一年的倒數計時應該有一千四百四十（八千六百四十÷六）次，第兩千次的話，大概是在國二的下學期。就在我一如既往的專心倒數計時的瞬間，忽然領悟了一件事。

「啊，我這個人絕對培養不出注意力或專注力。」

我絞盡腦汁，思考過自己比別人散漫的原因，也無數次下定決心，「要會讀書，就要變沉穩才可以」。後來才總算明白，這一切都是沒有意義的嘗試，只是白費力氣去改變不可能改變的事情。

「反正我生下來就是散漫的人。沒辦法，我只能這樣活著了。散漫好像也不是什麼壞事嘛。」我努力去接受自己最真實的模樣，終於逐漸看清可以改變的和無法改變的事情（參考下方圖表1-1）。

例如「培養專注力」，就是無法改變的事情。要讓原本發散的注意力聚焦到一個地方，已經超出我能力所及，我決定專注在可以解決的問題上。對此，我研究了可以在短時間內高

▶ 圖表1-1　散漫的我，必須改變及無法改變的事。

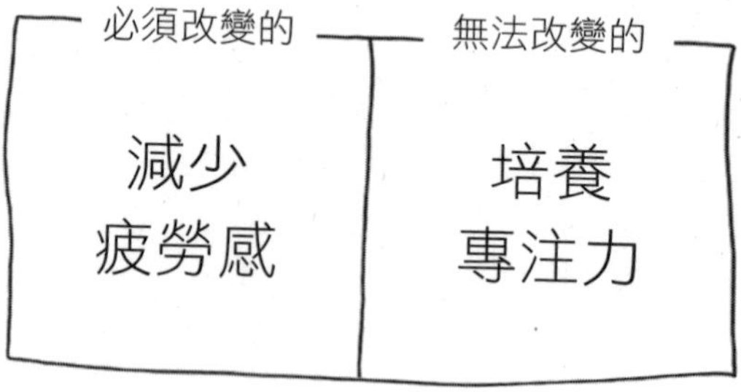

效學習的方法，而不是培養長時間專注的能力。「這還不容易，只要縮短學習時間，拿到比別人好的分數就行啦！」

過去的我，只要對正在做的事情感到厭煩、想要放棄之餘，一定會怪罪自己欠缺耐性和專注力等，不過，一味怪罪無法改變的事情，不正是因為打從一開始就沒想過改變？所以我試著從可以改變的事情裡，找出問題的原因。

「會不會是因為身體累了，才這麼輕易放棄？」只要好好睡上一覺，應該就有力氣熬過學習吧。像睡眠這種事，是可以靠努力解決的，在現實生活中，我也的確像舉行某種宗教儀式一樣堅持早睡，甚至睡不著也勉強自己睡。

做任何事情，如果一開始抱持的態度是「大概就那樣吧」，那麼事情一定無法順利進行，因為之後一定會遇到讓人措手不及的狀況。不過要是在此之前，已經花費百分之百的時間在閱讀教科書，練習機械式的解題本，那麼之後請再花三到四成的時間，思考「該怎麼做才能有效學習」，相信你會逐漸感受到變化，並且接二連三的看見效果。

02／因為注意力不集中，我挨了老師一巴掌

「你這孩子為什麼這麼散漫啊？這樣讀得好書嗎？唉唷，我要瘋了。」

國小二年級時，我因為注意力不集中，而被老師甩了一巴掌。老師像是專業技術員一樣，甩巴掌的手法非常老練。他抓住我的臉頰，就在我順著手勢抬起頭來的瞬間，在恰到好處的時機「啪」的一聲打中我的臉頰。現在回想起來，我並沒有犯什麼大錯，不過是和朋友在走廊上奔跑，被老師逮個正著而已。

多虧老師用力搧我一巴掌，那一下像是要讓我明白，散漫會帶來多麼沉重的後果，我的心裡從此烙印下「散漫就讀不好書」的想法，覺得這是滔天大罪。

小時候我的夢想是當大法官。那時的年紀，已經知道在成為大法官之前，必須先在名校主修法律系，通過司法考試後，還得先當好一陣子的法官。雖然不知道這間名校在首爾的哪個地方，每年又有多少人通過司法考試，也搞不清楚法官的薪水有多少，但是目標非常明確——我想要很會讀書，未來當大法官。

或許有人會說：「小小年紀哪裡知道讀書的意義。」但是在人的一生中，大概也只有純真的童年階段，會賦予「學習」相當大的意義吧。因為通常到一定的年紀，對這個世界和人生多少有一些了解後，才可能說出「讀書也沒什麼」、「幸福不是由成績決定」的話。

那樣單純的靈魂，卻遭受大人的肢體暴力，的確相當委屈。該說是夢想被摧毀了？被摑臉後，那天放學路上，我所看到的景象、聞到的味道、心裡的感受，至今依然歷歷在目，可見當時幼小的心靈受到了巨大的衝擊。就像分手那天，夜晚空氣中鬱結的憂鬱氣氛，或是被放在擔架上送進手術室時的冰冷感，日後依然印象深刻一樣。

回到家後，我將自己關在房內，父母趕緊來問我：「在學校是不是發生了什麼事？」我不希望父母發現我被打，這個世界上沒有父母看到孩子被打巴掌，心情還會好得起來。我一方面擔心父母會發更大的脾氣，一方面也好奇坐不住、注意力不集中是否真是滔天大罪。所以我說自己在學校吵鬧被老師責罵，又問父母：「散漫就讀不好書嗎？」

他們這樣回答我：「**散漫也沒關係。每個人只是性格不一樣而已，優缺點不是天注定的。讀書是看你的努力**，我們相信你會有好的表現。不用擔心。」

要是那時連父母都責備我，說不可以在學校吵鬧；要是那樣在學校被罵，回到家又被罵的日子繼續下去，我大概一輩子都會認為自己是「故障品」吧。但是父母卻站在我年幼的立場上體諒我，是最令人感動的事了。

父母鼓勵我的那晚、那一席話，至今仍是支持著我的力量。因為他們真心理解我的那一刻，讓我覺得自己無所不能，而我之所以依然清楚記得那天，或許並不是因為回家路上看見的陰暗景象，而是多虧了那晚在客廳感受到的溫暖氣氛吧。

03 相較於我的散漫，弟弟沉穩許多

我有一個小我一歲的弟弟，畢業於首爾大學，目前正攻讀博士學位。沉穩的弟弟總是比我會讀書，也是讓我知道自己注意力有多麼不集中的頭號人物。所謂「沒有對比，沒有傷害」，因為每次都輸給弟弟，讓我產生強烈的自卑感。

從小開始，我就對各種刺激相當敏感。大概是國小六年級時，媽媽在學校懇談後，回到家憂心忡忡的向我轉達老師的話：「老師說，有次學校前庭傳來警報器響的聲音，因此走到窗戶邊往下看，卻發現你竟然已經跑出去了。」

那天聽到「嗶嗶」作響的刺耳警報聲，還有讓人眼花撩亂的火光，我實在太好奇發生了什麼事，沒辦法乖乖待在位置上，那就是身體受到刺激的本能反應。

不管當下在做什麼，我一定要停下來跑出去看。

所以在他人眼中看來，我這樣的行為非常散漫。我曾經讀過作家渡邊淳一的《鈍感力》，書中提及「鈍感力」一詞，從「力」這個字來看，可以知道鈍感是需要力量的，是一種能力，可惜我當時沒有鈍感力。

那時的我心浮氣躁，有靜坐不能（Akathisia，錐體外徑症候群的症狀之一，是一種煩躁不安，靜不下來、坐不住、無法克制想起來走動的感覺）的症狀。做著這件事，心裡又想著其他事，身體和內心都靜不來。

每次被不安、厭煩、好奇、懶惰、後悔或單戀等各種情緒包圍，陷入無力感的話，我總會這樣催促自己：「你不是考生嗎？撐下去！」每次這樣安撫情緒，堅定奮鬥的意志，說實在非常辛苦也很痛苦。

弟弟和我不一樣。我們一起坐在沙發上看書的時候，弟弟不讀到最後一頁，絕對不會離開，這和時不時跑去廚房和廁所的我完全相反。這傢伙太可怕了，不管是在客廳、房間、學校還是自習室，他只要坐下來，立刻就能進入書中世界。

他的耐性也很強，任何事只要起了頭，一定堅持到最後。每次寫九十分鐘的模擬考卷，他總能瞬間進入考試狀態，不管誰來來去去，都不會動搖，直到寫完才離開位置，這對我來說難如登天。

不只是學習如此，在日常生活中，我們的習慣也完全相反。我們全家曾經在暑假，一起開車去韓國東海岸旅行。長時間坐在後座，對我來說簡直是折磨，我一下子吵著要調低冷氣溫度，一下子說聲音太太，吵著調低收音機音量，一下子吵著開慢一點，不停干擾開車的媽媽。

然而弟弟不是睡覺、聽音樂，就是看著窗外，這麼長的時間一句話也沒說。抵達目的地後，媽媽對我說：「你看看，弟弟怎麼就這麼乖？」稱讚了弟弟。我大概是有受害者情結吧。因為我只記得那天媽媽說的兩句話：「學學你弟

▶ 圖表1-2　我和弟弟個性相反。

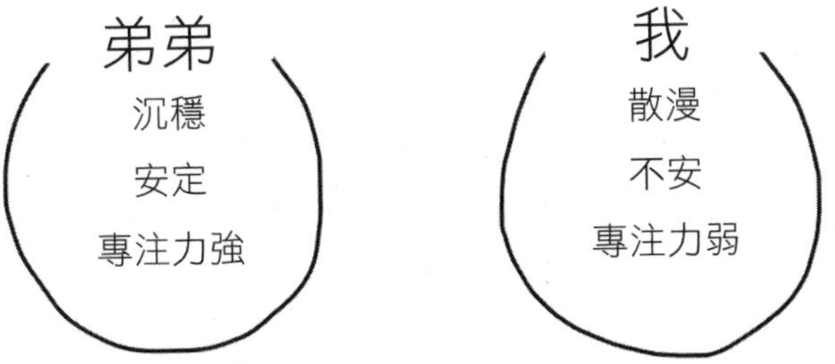

弟好嘛！」、「你怎麼靜不下來？」

我真心想聽到的稱讚，像是單純、成熟、穩重、專注力強等，全都落到了弟弟身上，而因為聽不到自己渴望的稱讚，讓我從小就產生了自卑感。大學入學模擬考那天，我還擔心成績會考得比弟弟差，心理狀態已經從壓力變成了恐懼。也曾經因為擔心成績，放學後，在家門前的遊戲場繞圈，故意晚一點回家。即使成績考得還算不錯，如果分數沒有比弟弟高，還是不滿意。

我自認為成績輸給弟弟的原因是他比較沉穩，相反的我比較散漫，精神易渙散。區別我和弟弟的最大特徵是「散漫」和「沉穩」，當時也只能想到這個原因。那時忽然冒出的自卑感、日益低落的自尊心、越發強烈的焦慮與不安等，各種情緒包圍著我。我也想承認這些情緒，這樣就能酷酷的做自己，然而實際上我卻表現的表裡不一。

我並沒有努力讓自己變強，反倒是假裝自己很厲害，而且為了比弟弟受到更多關注，總是做一些毫無意義的誇張行為。借用精神醫學家阿德勒（Alfred Adler）的說法，就是自卑情結（inferiority complex）。擔心別人看見自己的弱點，所以過得戰戰兢兢、心神不寧。

現在對於有個沉穩、聰明的弟弟這件事，我反而感到非常高興，要是小時候我懂得專注在自己的強項，或許和弟弟相比，自尊心就不會受挫了；要是當時就知道「不同」和「錯誤」的分別，那該有多好。這只是兩個人的差別而已。

話說我一直很好奇弟弟知不知道我受到自卑感的折磨，不過這個疑惑不久前得到了解答。我請弟弟讀一讀我寫的文章，弟弟在讀完後，傳了訊息給我。

「哥！有機會的話，我想和你聊聊。你小時候好像因為我承受了很多壓力。其實你大可不必那樣。如果你像我一樣，只能專注在一件事情上，就沒辦法一邊上班，一邊寫書了吧？我永遠支持你！加油！」

果然，弟弟早就知道了。

04／一萬小時的練習，對別人有用，對我無效

她看起來就像已經領悟久坐的方法。

高中的時候，我偷偷喜歡過A。還記得我曾透過教室的窗戶，偷看她讀書的樣子，她和我是截然不同的人，又沉穩，又文靜。每到自習時間，她總是穿著體育服，眼鏡掛在鼻梁上，專注學習，從沒有起身過。我試過幾次配合她的步調（這有違我的本性）學習，但是完全跟不上，她專注到像快被吸進書裡一樣。

奇怪的是，A的成績從來沒有進步。起初我猜她可能處於低潮期，還在心裡為她加油：「成績一定會進步的！」然而過了一年、兩年，她的成績依然原地踏

步，這太令我震驚了，**可以坐那麼久的學生，卻沒有考到全校第一名。**

畢業於首爾大學，通過高考的事務官B，也是很能堅持坐在位置上的同事。他的位置隨時都會傳來「噠噠噠」敲打鍵盤的吵鬧聲，印表機也「唰唰唰」運轉個不停，不知道在列印什麼。除了上廁所的時間外，他工作期間幾乎從未休息，就像背上貼著「工作中，靜止打擾」一樣。

每天最早上班，也最晚下班，但是，一樣奇怪的是，對於他所提出的成果，旁人的評價並不那麼好。有的說「核心不夠深入」，有的說「牽扯太遠」。**他的成就和坐著的時間，並非成正比。**

從麥爾坎・葛拉威爾（Malcolm Gladwell）的著作《異數》（*Outliers*）中，我第一次知道「一萬小時法則」。意思是想要成為專家，至少得在一萬個小時如此漫長的時間內，持之以恆的訓練。二〇一〇年溫哥華冬季奧運會前一年出版的這本書，經常提及韓國的金妍兒選手（譯註：韓國著名女單花式滑冰選手，已於二〇一四年退役）是實踐一萬小時法則的代表人物，讓這本書和金妍兒選手，在韓國國內同時享有盛名。

七年後，《刻意練習》（*Peak*）在韓國出版。作者安德斯・艾瑞克森（Anders Ericsson）博士是首度主張一萬小時法則的人物。他在這本書的第一句話說：「許多人誤解了一萬小時法則。」人們過度執著在「一萬」這個數字上，但**重點不在於執行時間的長短，而是「執行方法有效與否」**。即使同樣花費一萬小時，結果卻大不相同，那麼獲得優秀成就的人，運用時間的方法肯定比另一個人有效。

讀到這裡，或許有人會感到不滿，說：「你把努力的價值看成什麼了？」我沒有要反對「學習以努力為前提」的說法。努力絕對有資格被稱為真理。但是艾瑞克森博士

▶ 圖表1-3　權衡長時間學習及有效學習。

比起漫無目標的久坐，
有沒有更能有效學習的方法？

說：「學習的重點不在於花了多少時間，而是如何有效運用時間。」這句話更有說服力。

我無法集中注意力超過三十分鐘以上，所以比起努力，「效率」更令我著迷。這麼說可能很不要臉，但是我想比別人少努力一點，又能得到好一點的成績。如果辦不到的話，那麼沒辦法比別人坐得更久的我，倒不如永遠離開考試的世界。就當是為了生存吧，我一定要用最有效的方式學習。

許多人都想給我建議，說：「想要好成績，就要坐久一點，就算辛苦也要忍耐！」這些話都缺乏可行性。當然，我可以理解他們為什麼提出這種陳腔濫調的解決方法。因為對這些人而言，注意力不集中不過是別人的特性，他們無法設身處地理解。即便如此，如果散漫者單純以為變得像A女或事務官B那樣，成績就可以提高的話，那真是天大的誤會。

在我身邊，幾乎沒有人會對我說「散漫也可以學習得好」，真心為我加油。散漫者不想聽別人的經驗談，不想聽別人怎麼學習。在各個大眾媒體上，似乎也很少介紹有誰雖然易分心，還是通過了考試。只是一再強調一個千古不變的二分法命題——在學習的世界，沉穩的人恆勝，散漫的人恆敗。所謂的忠告，只是要人們學會沉穩、隔絕外在刺激。這是叫我們怎樣變得沉穩，又要隔絕什麼？

在各種刺激不斷進化，而考生的專注力日益低落的現今社會，人們的建議還停留在過去的水準，最終壓力帶來的傷害，永遠都是精神渙散的考生來承擔。這難道不是偏見造成的傷害嗎？

我本身也是剛踏入三十歲的新手老公，也是一個準爸爸。我也謹慎考慮過即將出世的孩子，會有一半以上的機率遺傳到我，難纏又愛東張西望，到處亂跑，進入學齡後，十之八九在學習時會遭遇困難。身為爸爸，我想要告訴他的正是「時間活用法」。希望這個孩子進入學習的世界時，不會像我那樣徬徨無助。

05 不要碰手機，專心坐久一點，這些我都做不到

對於別人吩咐的事情，我們總會有極大的抗拒感。例如早上正在整理棉被，如果媽媽不明就裡說：「應準，去整理一下棉被。」我肯定會把摺好的棉被甩在一旁。「看起來歪七扭八又怎樣？」心裡大概會這麼想吧。

性格再怎麼開朗正向的人，只要開始備考生活，似乎都會有失去整個世界的感覺，那就像被困在傳染病肆虐的城市或狹窄的隧道內，自由受到箝制，如此讓人厭惡。

那麼備考期間，該如何運用時間？

這本書最終想傳遞的訊息是，希望在考試期間，所有人都能有效運用時間，

找回自主權。更進一步來說，是希望散漫的人能透過這本書確保效率與持久性，尋找完成學習任務的方法。

想要找出這個問題的解答，首先必須知道考生們如何運用時間。我們可以將時間分成三大類，給予如下的定義。

一、學習時間：如字面所言，是學習各個科目的時間。
二、充電時間：睡眠、用餐、運動等儲備活力的時間。
三、自由時間：SNS、TV、網路、聊天、音樂、冥想等，除了學習時間和充電時間外，從事其他活動的時間。

這裡所說的**自由時間，更接近於留給自己的時間，而不是浪費掉的時間。**

散漫型考生與沉穩型考生，兩類人的時間活用法稍有差異。散漫型考生相對無法久坐，學習時間較短。因為經常分心在其他事情上，不僅自由時間較長，而且次數也較頻繁。甚至有些人胡思亂想，睡也睡不好，容易生病，所以連充電時間也沒能好好利用。

不過，這只是個人差異。真正的問題在於成績不見起色時，他們卻從錯誤的方向中尋找解決之道。例如：「一天該花幾小時讀書？」、「睡眠時間要幾小時？」、「應該盡可能減少自由時間嗎？」只煩惱該多花或少花多少時間。

甚至連身旁其他大人或老師也說：「總之先增加坐在椅子上的時間。」「要不要減少睡覺的時間？」「不要碰手機，試著培養專注力吧。」似乎只要調整時間的長短，所有關於學習的問題就會迎刃而解。

只是割捨，然後調整這些時間，問題就能得到解決？這樣的話，應該要有一個關於活用時間的量化標準才對，但是在多少時間內才算適當的休息，超過多少時間又是過度休息？

再說，吸收學習內容的能力人人不同。除了與生俱來的能力外，每個人性向或特性、情況的不同，也都會造成一些細微的差異。那樣不斷灌輸考生絕對的標準，壓迫、強求考生，會有多大的效果？對於那些不拘小節而且散漫的考生，尤其如此。

當時，對於身為考生的我而言，最有幫助的建議不是叫我把鬧鐘放在桌上，檢查自己坐下來學習的時間，而是教我真正有效的學習方法。最吸引我的建議，會是：「**學習的時候，先區分出重要的和不重要的部分，接著專注於重要的部分，減少學習時間**」、「**讀書讀到厭煩的時候，改讀其他科目，用來振作一下專注力**」，或是「**不會一味要我放下手機，而是要我到外面去跑個步或散步流汗，轉換一下心情**」。

我一開始還不了解這些建議的用意，真正執行後，才親身感受到這些微小卻實在的改變。

美國哈佛大學理查・萊特（Richard Light）教授曾研究校內一千六百位學生的K書習慣。根據他的研究，**哈佛大學資優生身上可以發現一個共通點，那就是他們不會斤斤計較於學習的時間，而是經常思考如何運用時間**。他們透過這樣的思考，尋找符合自己特質的學習方法；當學習效率降低時，他們也會利用運動或美術、音樂活動等方式，找回原本的精神狀態。

我對於各位花多少時間在學習、充電和自由時間，沒有多大興趣。我不會阻止一天想讀十四小時的考生（如果辦得到，我反倒大力支持），聽到有考生一天讀六小時，也不會說學習時間太短，而給予嚴厲的警告。

不，我也沒有那種資格。我最關心的，反倒是考生如何活用時間、如何提高對日常生活的控管能力，以及能否透過這些努力，最終提高學習效率，在日常生活中尋找幸福。聽到有關考生幸福話題的你，今天一天過得如何？這個當下心情又是如何？

「因為你是考生，所以應該立刻放棄生活的品質。」說這種話非常不負責任。尤其對於一個注意力難以集中的小孩，想要以各種方式活出自我生命的人而言，「坐久一點」、「少分心一點」，這種不可能改變的事情的建議，只會讓人

▶ 圖表1-4　哈佛學生的共通點。

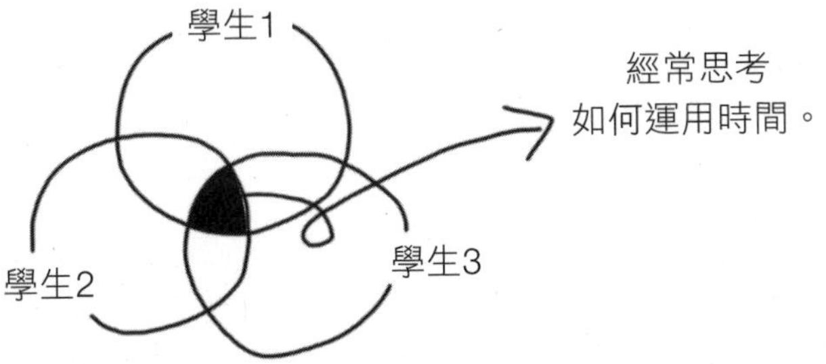

想要反抗。

倒不如找出在備考期間，既能安撫內在散漫的小孩，又能有效利用時間，獲得目標成績的方法。根據我個人經驗，思考並且找出這種方法，才是最重要的。

第 **2** 章

只剩100天就要考試了，怎麼辦？

系統性的學習，好比蓋房子的過程。先用目次和考古題奠定基礎，再用默背完成最後裝潢！

雖然副作用就像真的蓋房子一樣，全身痠痛，整個靈魂被抽乾，但是盡快脫離備考生活才是正解。

01 同事錄取了大企業，刺激我決定考公務員

二〇一四年一月初，我辦理休學，去東大門批發市場上班。那時我有個夢想，希望大學畢業後去時尚產業闖一闖。為了學習相關業務，我選擇先打工。就在我一如往常整理著衣服的那天，一起工作認識的小兩歲阿弟忽然開口說道：

大哥，昨天錄取結果出來，我考上大企業了。下星期開始，我不會來了。

不知道為什麼，當他告訴我要辭職的瞬間，我忽然決定要考公務員。回到家打開電腦，我先進入韓國線上國家考試中心的網頁，查看二〇一四年度國家公務

員公開競爭招生考試的計畫公告。

因為我主修行政學，所以想瀏覽五級公開招考行政職系的錄取名額與考試日程（按：韓國公務員分為永業職〔終身職〕及非永業職。而非永業職公務員又分為一般職及特定職兩種。一般職公務員共分為九級，以中央機關為例，部長以降，依次為一級至二級之副部長及局長、五級為股長等），可是一路往下滑，卻只看見技術職系的名額。這一般是給理工科系學生考的考試，就連考試科目也是我前所未聞的，但或許是不希望一生庸庸碌碌的反抗心理作祟吧？我想都沒想就報考了五級公開招考的技術職系。

現在回想起來，真不知道那時怎麼會做出那樣魯莽的決定。曾經向家人宣誓自己再也不會重拾書本，隻身來到東大門的我，現在真不知該如何解釋才好。總而言之，這件事就這麼開始了。

考試日程大致如下：三月初第一階段考試（名為「PSAT」的選擇題考試）；八月初第二階段考試（問答題考試）；十一月第三階段最終面試。繳交報名表後，我依然在東大門上好一陣子的班。

準備第一階段考試沒有必要默背，所以我決定在第一階段考試通過後，再開始正式讀書。直到那時，我做夢都沒有想過自己能在**一年內走完整個考試日程，最終通過了考試**。除了運氣之外，懂得如何面對注意力無法集中的學習訣竅，應該也發揮了效果。

三月初，我通過了第一階段考試。那時候才剛結束手邊的事情，買了考試用書，開始坐在自習室的座位上，時間不知不覺到了三月底。別人都以為我是對這個領域有興趣，或是修過專業課程，又或是因為興趣而讀過相關書籍，其實完全不是那樣。

我得先從查辭典開始，是完完全全的新手。總之，第二階段考試在八月的第一週，從四月到七月為止，總共有四個月的時間可以讀書，也就是有一百二十天。扣除週末和因為各種原因休息的日子外，實際上只剩一百天左右，我決定賭

▶ 圖表2-1　可以讀書的時間，只剩100天。

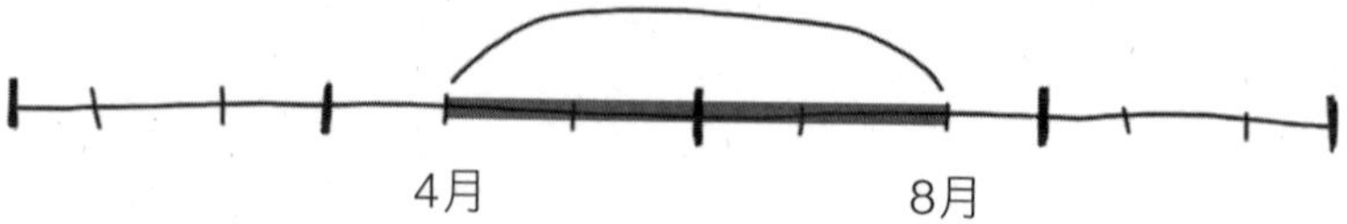

上一把。

我沒有時間玩了，但是又害怕再坐回書桌前。如果要我選出人生中最空虛的時候，那大概會是在自習室的屋頂茫然發呆時吧。

日本作家朝井遼的《何者》中，有這麼一段話：

> 我認為求職最痛苦的原因有兩個。
>
> 第一個原因當然是一直沒考上，這是被某人拒絕的經驗一再發生的痛苦；另一個原因是自己明明不怎麼樣，卻要一直說得自己有多厲害的樣子。

人們通常只談準備考試到成功的部分，然而，對於準備考試如何讓一個人變頹廢，卻毫不在意。不，人們甚至理所當然認為，想成功，就得忍耐這個過程。即便有人一再落榜，或是成績不斷退步，因而認為自己一無是處，陷入深深的自責時，也得忍耐。在自習室屋頂感受到的那股空虛，我認為盡可能越少越好。

在進入備考生活的那一瞬間，我決定無論如何都要盡快考上。

02 我這樣準備選擇題：把解題過程寫在A4紙上

人們完全不在意選擇題考試該如何準備，他們會聽取上榜經驗談或學習能力強的人的分享，有些連考試當天吃了什麼都會去查。至於堅信選擇題重要性的我，自有我一套的學習方法。

無論是求學階段，還是大學畢業後，我發現寫選擇題考卷，有一個明顯的模式，那就是，經過一段時間再寫相同的考卷，答對的題目還是會答對，答錯的題目還是會答錯，所以**集中精力在檢討答錯的題目，便能輕鬆提高分數**。

在**準備選擇題考試時**，我寫了兩倍量的題本。其中一本是市面上所有題本中最困難的題本，另一本是考生必寫的題本。**困難的題本練習兩遍，其他人都必寫**

的題本練習五遍，而且我不會在題本上直接寫答案，通常是把解題過程和答案寫在A4紙上，只在答錯的題目上打個叉。

直接在題本上作答，之後看著寫滿筆記的頁面，或許心裡會覺得踏實，但是，寫滿筆記的題本就無法再拿來作答。

真正的學習完成於計分。有些朋友寫完題目，累到只能隨便計分，我認為這是非常錯誤的習慣。因為**知道什麼題目答對或答錯，再好好檢討題目，才能提高答題能力。**

練習第二遍題本時，我只寫有打

▶ 圖表2-2　題本寫7遍。

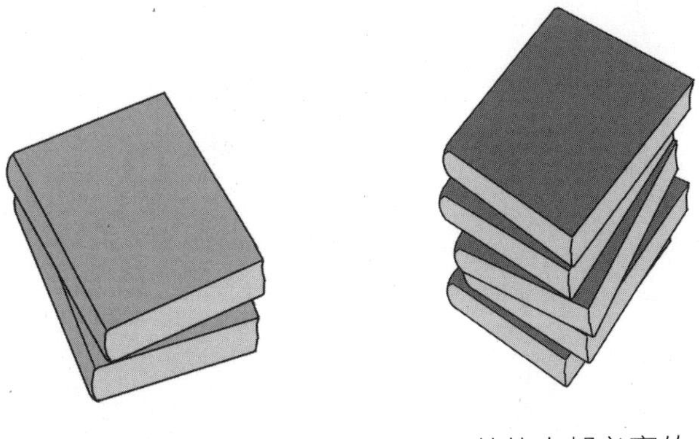

困難的題本練習2遍。

其他人都必寫的題本練習5遍。

叉的題目。有時如果還剩下一些時間，或是覺得沒有太大把握，也會重新練習答對的題目，不過相當大的機率還是答對了。等於用相同的方式思考、解題，最後又再一次答對。

而寫第一遍題本時，假設答錯了十題；那麼寫第二遍題本時，十題中可以答對三題；到第三遍時，十題中可以答對五題，實力會逐漸提高。雖然困難的題本練習兩遍，其他人都必寫的題本練習五遍，看似會花不少時間，不過實踐起來花費的時間比想像中要少，學習效果卻相當大，沒有比這更有效的學習方法了。

我不是一開始就針對答錯題目來練習題本，而是採用看到題目就寫的方式。直到寫了再多題目，成績也沒有隨著投入時間的增加而提高，我開始留

▶ **圖表2-3　答錯題數逐漸遞減。**

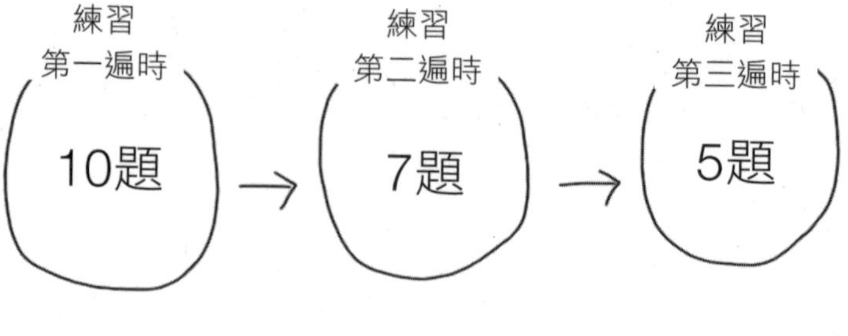

意自己的學習模式與考試結果。

後來，發現我在類似的題型不斷答錯後，這才改以專解答錯的題目為主，一直練習到完全了解為止。

完全準備好的最佳狀態鮮少出現，很少有人會說：「好了，我這種程度來寫題目絕對沒問題。」與其那樣做，不如先從答錯的題目著手，才能提高效率。**對於不需要默背的選擇題考試，最重要的是針對答錯的題目思考為什麼答錯**，並透過這個過程，糾正錯誤的思考方式，才能在下一次考試中答對類似的題型。

五級公開招考第一階段的考試（雖然我不知道要怎麼用選擇題來檢測考生適不適合公職），並非絕對需要默背的考試。法學院入學考試、學測國文科考試也都一樣，都是測驗邏輯能力與推論能力的考試。

因為也沒有特別困難的題本，所以我準備了五年來的歷屆考古題和一本必寫的題本來練習，並且針對答錯的題目多次練習。照著自己的節奏來學習，不但可靠度高，也比較不累。

這個世界上有些事情看似麻煩，然而真正動手去做，卻能看見不錯的效果，也能感受到箇中樂趣。在準備第一階段考試期間，似乎就是這樣的。

也許有人會覺得：「你竟然會說學習有趣！是不是寫書寫到一半，精神變不正常？」請不必擔心，從下一頁開始，即將回歸正常。

03 一本教科書，我先背目錄加上解考古題

我們經常聽到這樣的比喻：學習好比蓋房子的過程，堅硬的柱子最重要。**在學習上，發揮柱子功能的正是目次，所以學習必須先從目次開始，花些心力分析與默背。最好把目次整個背下來，**直到像背誦九九乘法表一樣，可以反射性回答的程度。**如此一來，讀教科書就能立刻知道要讀哪些部分，也能立刻將需要的內容輸入腦中，儲存起來。**

在國中階段，每次我攤開教科書，總是直接跳過目錄頁，急著先從課文開始往下讀。覺得似乎用那樣的方法，才能盡快讀完教科書，但是隨著時間增加，閱讀的速度反倒變得更慢，經常得重新回到前一章開始讀。

這是因為在讀課文時，有時會忽然不知道自己為什麼要讀這個部分。這麼一來，學習就像往底部破洞的水缸倒水，白費力氣。我想，要是有個清晰的架構在我腦海裡就好了。至於這個「架構」，當然只能利用目錄來建構了。

在默背大賽中贏得優勝的人，他們經常使用的默背方法，同樣是先在腦中蓋一棟房子，接下來在門前或走廊盡頭的相框內，放入要默背的知識A，或是在相框下櫃子的第一格抽屜，輸入知識B，用這種方式將所有知識輸入各自的空間中。隨後在腦中一遍遍走過自己建造的房子的每個角落，回想每個空間內輸入的知識。如此一來，即使是規模再龐大的知識，也都能記在腦海裡。

▶ 圖表2-4　目次的重要性。

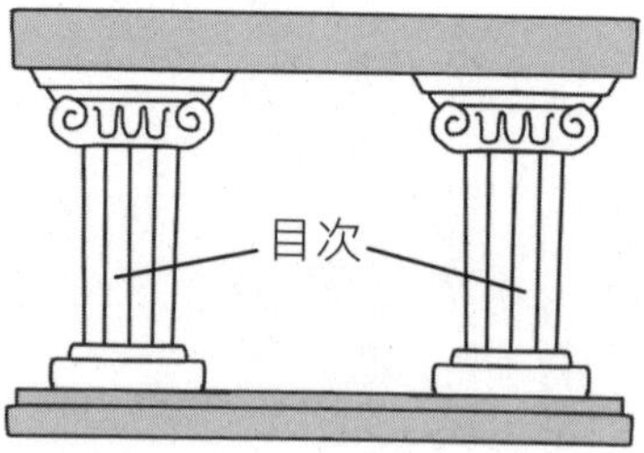

學習時，目次發揮了等同柱子的功能！

你說這是天才才會的方法？不是的，你也是天才。家中數百件物品在哪裡，你大概都知道吧？指甲剪在第幾層抽屜、可樂在冰箱第幾格，全都記在你的腦中。因為這些知識經過空間化，被輸入進腦中。而準備考試，也同樣是將知識輸入腦中特定空間的工程。

進入備考狀態後，我的腦中出現一個巨大的抽屜櫃。身為一個容易分心的考生，經常這個讀到一半，跑去讀那個，或是才讀了一些書，立刻又開始想東想西，所以必須很清楚自己短暫的學習內容，應該放入哪一個抽屜內。

每個抽屜的大小各不相同，有的抽屜得放進許多學習內容，有的抽屜只放進一些內容，至於某些抽屜收藏的內容，值得偶爾一再回味，可以另外整理在抽屜櫃的一角。此時抽屜的數量，應該和目次中的章節數量大體一致。熟悉目次到一定程度後，腦中抽屜的形象將逐漸成形，能夠打開對的抽屜，從中取出需要的知識，這是學習過程中最令人高興的事了。

我只讀一本基本教科書。反正在考場上能派上用場的答案，都已經固定了，我的大腦容量也有限，超載會降低專注力。有時連筆記本或重點整理講義，都嫌麻煩。**唯有反覆閱讀同一本書，才能將每一頁的內容在腦中存成一張張影像。**

散漫者的學習攻略：

反覆閱讀同一本教科書，不要貪多

散漫的人經常執著於新的學習資料，擔心沒辦法將新的資料讀完。其實這是沒有意義的，只是讓腦袋更混亂而已。唯有反覆閱讀同一本書，才能記牢每一頁的內容。

考古題也要仔細作答。考古題是調整學習強度的最佳指引，同樣的概念經常重複出題。關於考古題，後文會再仔細說明。

像這樣先利用目次與考古題，掌握整體脈絡後，接著再來讀教科書。讀教科書要抱著「這是最後一次讀」的心情，無論花多少時間，都要盡全力充分理解。

散漫者的學習攻略：

不要大致瀏覽，要細讀

專注力不足的散漫者，一開始閱讀文本時，通常大致瀏覽過就算了。這麼一來，備考生活進入下半場後，可能得多花精力再回頭讀一遍，請特別注意。

所有科目讀完兩遍，也過了一個月。我會在固定的時間運動，也一定在晚上十一點前入睡，並每天努力於早上七點坐在書桌前。雖然一坐下來，可能立刻趴著睡覺，或是滑手機，都沒關係，至少，我盡可能堅持每天一大早坐在書桌前。

04 考高分之道：把答錯的題目解到對為止

有些事情沒親眼看過，還真叫人難以相信。這次事件的主角是我的學妹，姑且稱她為D。D在大學畢業以前，已經在準備司法考試和五級公開招考考試。過去和她一起讀書，發現她某幾天寫經濟學考題，某幾天寫憲法考題。

她一整天不斷變換科目，就只寫各科的問答題。幾乎是一天寫完一根答題用筆芯，可見寫完的答案卷數量之多（昨天用的筆芯和今天的筆芯不同）。在這個過程中，想必已經從腦中提取出大量的內容了。她說晚上專攻不會的部分，或是需要默背的內容，挑重點來看。

那年，D通過了司法考試。大概是兩年後吧，聽說她又通過了五級公開招考。看著那樣的D，我有兩個想法，一是「在未來的人生中，我再也不要踏進D那種怪物存在的學習世界」，二是「沒有其他學習方法，要比從大腦中提取知識，一字字寫下來的『輸出』（output）更厲害的了」。

讀完兩遍文本時，我們必然思考：「這時候要反覆閱讀文本？」、「還是要使用其他有效的學習法？」但此時我們選擇的，通常是最糟糕的學習方法（例如反覆閱讀、反覆聽課等）。

我能理解，因為此時正感覺讀過的內容進到了腦子裡，課程也更容易聽懂，學習似乎變得相對容易多了。但反

▶ 圖表 2-5　K 完 2 遍文本後的煩惱。

該像機器一樣反覆閱讀嗎？

還是該使用辛苦，但是有效的一字一字寫下來的輸出學習法？

覆閱讀文本和聽課是最好的辦法嗎？

學習本就容易讓人厭倦，書越讀越茫然時，反覆閱讀文本和聽課的輕鬆學習方法，自然容易奪取我們的心。明明不想讀，又不得不讀，所以人類本能的選擇了輕鬆的方法。問題是，輕鬆的學習方法，效果大多差強人意。

反之，當我們**耗費越多精力、用腦越多，學習的效果越好**。只要考過幾次大考模擬考，大概不難明白這個道理。**通常記在腦海中最久的，正是模擬考中答錯的題目，這是因為答題時，我們全神貫注在題目上**。

此外，**針對考試答錯的題目，在教科書上尋找相關內容、加深理解的過程，雖然麻煩又累人，卻能最大程度提高學習效果**。輸出學習法也是一樣的道理。把文字密密麻麻寫在白紙上，手臂又酸，又麻煩。而且要像擰乾手帕一樣，將腦中原本平靜的知識榨乾，再澎湃激昂的送往答案卷上，這個過程必定是痛苦的。但是因為學習效果好，**對於像我這樣只想減少學習，又想學得扎實的人而言，是最棒的方法**。

無論遇到什麼情況，我一定在教科書讀完一、兩遍後，立刻練習解題和寫考卷。讀到這裡，也許你心裡會有這樣的疑惑：「才讀一、兩遍，會的也不多，究竟要怎麼寫題目啊？」

教科書只讀沒幾遍，當然不可能寫出十張、二十張的答案卷。但是一大早先瀏覽過題目，白天讀過對應的文本後，晚上再來寫題目，還是可行的。如果是出題範圍非常廣的題目，我會直接參考教科書來寫答案，再整個背下來。晚上再重新寫一遍默背的答案。

以閱讀為核心進行反覆閱讀的學習法，和以閱讀為輔助工具的輸出學習法，兩者效果天差地遠。後者因為閱讀的目的明確，所以在閱讀的同時，能使

▶ 圖表2-6　閱讀學習法與輸出學習法的差異。

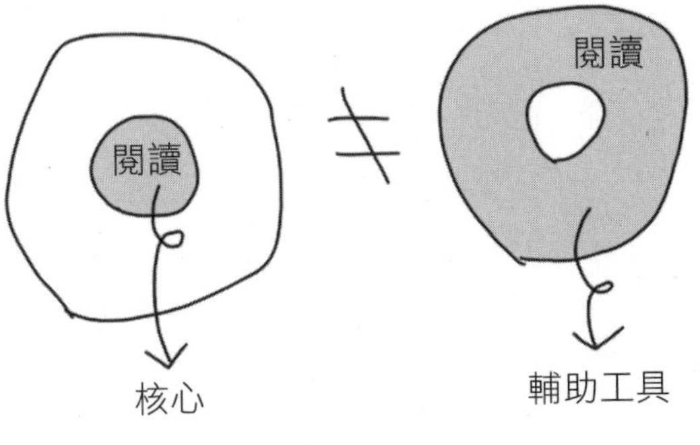

反覆閱讀學習法。　一字一字寫下來的輸出學習法。

內容結構化。即使有無法理解的部分，也不可能含糊帶過。因為晚上寫題目時，還得重新把這些知識提取出來，非理解不可的壓力一直都在。所以閱讀時，專注力自然會提高。

讀到這裡，你也許會提出另一個合理的疑問：「都沒時間了，怎麼可能還把一整天的時間，都投資在寫一、兩題的答案？比起那樣，倒不如多讀幾十頁還比較實在。」

用更簡單的方式來說明吧。練寫考題的原理，就像傳授別人知識一樣，只知其一，不知其二的人，無法成為老師，必須全面掌握核心關鍵字與句子、段落的大意，並將其合理串聯在一起，才能說明清楚。

提取腦中知識，重新編輯的過程中，我們能確實區分會和不會的內容。**學習要像打靶一樣，鎖定不會的部分，精準打擊，那麼效率必將在某刻瞬間提升。**

比起無條件乖乖坐好，拉長閱讀時間，**排定時間練寫考題，對於專注時間不長的散漫者而言，會是更有效果的方法。**題目只有會寫跟不會寫兩種結果，相當明確。閱讀難以決定該讀到什麼程度，又該停在什麼地方，但是題目只要寫到答案出現就行。

就拿學習數學來說。首先是閱讀教科書，熟悉概念和證明。不過只讀過一遍，不可能全部理解，所以先從解題下手。解題時，就算遇到卡關的題目，也盡可能不去看解答，針對題目從各個角度來練習解題。

如此一來，你能在腦中整理已經會的內容，不會的部分也將逐漸清晰。如果真的答不出來，到時候再看答案就好，最後，檢查答題用到的概念，從教科書中尋找相關的內容來讀，就能補強知識架構中的空缺。

一開始，因為腦袋裡沒有太多知識，我答案卷也寫不滿。其實我曾邊寫考題，邊認真的反問自己：「為什麼我要用這麼痛苦的學習法勉強自己？」在這個頭痛欲裂的時間點，千萬不可以放棄。只要經過一、兩個月，你將會感謝自己當時堅持下來。

05 最後三十天，我才開始默背（死背）

位於韓國忠清北道清州市的空軍士官學校，每年都會舉辦橡皮筋動力飛機大賽。在空中飛得越久，排名越前面，所以要讓動力飛機迎風飛向山的另一邊，才有機會進入前幾名。我國小曾參加過這個大賽，每次製作的飛機總是墜毀，從未得獎，要讓飛機飛上一定高度，迎風飛揚，一點也不容易。

學習也是如此，達到一定水準以上後，自然暢行無阻。經過練寫考題的五月，來到了六月，學習效果有漸漸爬上一定高度的感覺。

大概到六月中旬，我的學習開始乘風破浪。通常只花半天的時間就能寫完考題，剩餘時間用於閱讀教科書，或是根據目次、關鍵詞回想學習內容。此外，需要學習的量也逐漸減少，只剩下解完題後讀教科書而已。

當學習時間變得游刃有餘，生活也更有彈性了，有空閒時間能運動一小時，睡足七個小時。此外，想要擺脫備考期間可能罹患的各種大小病，例如頭痛、胃食道逆流、失眠、感冒等，並照顧好自己的健康，必須這麼做才行。

進入這個階段，差不多是精疲力盡的時候了。我不是機器，備考期間，身體似乎都有它們想說的話，輪番警告我不能再繼續下去。但是我只能安撫它們，讓它們繼續默默承受。

真正稱得上默背的「死背」階段，從這時正式開始。就像房子外型已經完工，接著就是粉刷、擺放家具的時候了吧？此時，我主要默背，例如主要學者名字、理論名稱（甚至是英文名稱）、年分、各種數字等。在備考生活初期，這些內容再瘋狂背，也絕對背不起來。

我身邊有不少朋友為了默背而照抄文本，甚至不惜背下整段句子，我認為這些方法應該盡可能避免。**單純抄寫並無太大的意義，如果非寫不可，最好還是先讀過單字或句子，經過一段時間後，再試著回想並手寫下來。將整段句子背下**

來，其實也不太可能，反倒是養成背下關鍵字的習慣，效果會更好。

我在東大門聽到時尚明星說的話，似乎可以用來總結一百天的備考生活。

這些試裝模特兒在活動開始前，第一件事是運動。先打造精實苗條的體態（熟記目次），建立作為衣架的自信；當健身到一定程度後，開始試穿各種衣服（解題），找出自己的風格。雖然大多模特兒都能消化所有衣服，令眾人羨慕，不過其中某些人較適合嘻哈風格，有些人比起柔和的色調，更適合閃亮鮮豔的衣服；最後階段，再準備適合自己的太陽眼鏡或手錶等配件（默背學者、理論、年分、數字）。

▶ 圖表2-7　100天學習法。

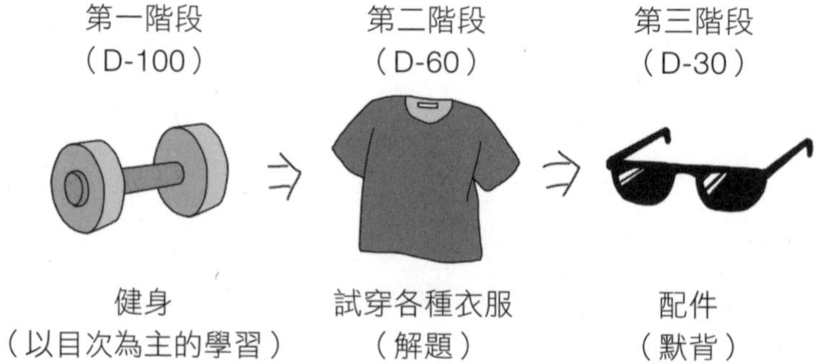

先建立完整的架構，再填補細枝末節的內容，我認為這才是學習的真理。沒看過有人先戴手錶，穿好走秀服後，才健身的。

第二階段考試的前一天，我在空白紙上寫下目錄後，填上幾個主要的關鍵字，教科書要以關鍵字為主瀏覽。

在考試之前，常會覺得時間過得飛快，如果可以再回到過去就好了。雖然我準備了一百天，僥倖在與我同一招生類別的考生中得到最高分，卻沒有「只過了一百天」的感覺，時間彷彿照自己的速度快速流逝。

這一次橡皮筋動力飛機總算飛過了山頭，真開心。

06 面試沒有對錯，你得做自己

第二階段考試結果在當年十月公告。到最後第三階段的面試前，只剩下一個月的時間，當時並不知道第二階段考試成績如何，考生們因為感到不安，不是報名補習班，就是互相練習面試。

這三十天來，我每天晚上都會寫類似自傳的日記，這個日記的意義超出了單純的紀錄。仔細回想過去，自然能看見自己有哪些特點適合公務員這樣的工作，又有那些優點有助於業務的推動。寫日記的過程中，不僅內心逐漸平靜，不安焦慮也逐漸消失。

我真心推薦書寫。如果有人問我：「明明面試是考口說（按：韓國報考五至九級公務員，且通過一定門檻，才需考面試（有個人發表、集體討論、個人面試等））），你還叫我們寫東西，這是什麼意思？」我會這麼回答：「在書寫的同時，自然能收集面試會用到的素材。」**面試最重要的，在於能將自己包裝得多好。**

想想看，會有多少人已經知道自己會成為公務員、銀行行員、市場行銷人員，才來準備面試的？

所以打算在面試場上天馬行空發揮的人，最後不是腦袋一片空白，就是只能給予抽象的回答。書寫花費時間相對較長，必須一邊回想經驗，一邊整理下來，所以有助於更精準的表達想法和經驗。

而面試問題大致可以分為三類，亦即關於性格的問題、檢視業務能力的問題、測試組織適應能力的問題。也有一些不清楚是在什麼脈絡下提出的問題，例如：「充滿無力感時，你會怎麼處理？」令人摸不著頭緒。我在面試場上實際被問過類似的問題。當下，我回想在過往某個辛苦的日子所寫的日記來回答。

我是這麼回答的：「我平常盡可能努力去觀察任何微小的事物，並且引發共鳴。所以即使是提不起勁的星期一，我也會在出門的時候，一邊看著蔚藍的天空，一邊為自己注入正面的能量。這麼一來，就能過上充滿活力的一週了。」

多虧平常利用書寫準備面試，我才能說出和別人稍微不一樣的回答。

另外，也有一些實際可以派上用場的技巧。在成功考上的兩年後，我曾擔任檢討委員，參與國家公務員五級面試的出題。那時我見到幾位面試出題委員兼面試官的教授，有幸聽到一些面試的技巧，分別整理為以下三點。

一、請回答符合公職人員態度及其形象的答案。

任何一個面試都會出現「兩難」的問題，而這類問題的答案，其實某種程度已經決定好了。以公務員面試來說，經常出現的問題是：「大學前輩剛好是你的主管，他指使你做不當行為時，你會做出什麼選擇？」這時如果回答：「和主管的關係最重要，我會認真考慮看看。」或是「既然我在團體社會中，就一定照吩咐來辦。」並非恰當的答案。

回答符合公職人員態度與其形象的答案，才是正確的。例如：「我會照規定和程序進行」或是「我會先思考什麼才是正確的，再給主管合理的回答」，或許有人會覺得這些話過於表面，不過沒必要放著安全的回答不用，而使用毫無幫助的話吧。

二、請先利用模擬面試，練習姿態和發聲。

在觀看模擬面試的錄影畫面時，我的不安、緊張、缺乏自信、焦慮都看得見。畫面中，我的眼睛看著奇怪的地方，眼神沒有和面試官對上，真希望那個扭捏的面試者不是我。

於是，旁人建議我：「如果不敢盯著面試官眼睛，那就看鼻子，鼻子也不行，就看嘴巴。」所以我把父母、朋友、前輩全部找來，請他們坐在我面前，讓我練習直視鼻子或嘴巴回答。得到他們的指點後，效果非常顯著，至少我已經能看著面試官的鼻子回答了。

三、請比其他參考者說更多話。

第三階段面試結果發表前，我整天坐立難安。大學畢業後，我不希望自己當個遊手好閒的人，正好當時是下半年的求職季，我也投了幾封履歷。在現代、SK、LG等韓國大企業面試一輪後，我的感受是要得到好的評價，必須自信滿滿的表現自己，主導氣氛。

如今回過頭來看，面試中安排討論的，其實不是要面試者討論主題的對與錯，反正在那樣緊張的情況下，所有人都不可能侃侃而談。反而是在那樣的情況下，至少要表現一次自己，才對結果有利。不必擔心「那樣會不會說錯」或是「面試官會不會覺得我是自私的人」，大膽說出自己的看法吧。

面試這種選才方式，不是只有聰明的人才過得了關。根據我的經驗，儘管答題時略顯不足，但是**能將自己的想法完整表達給對方的人，才能通過面試**，所以沒有必要擔心。

每個人都有自己獨特的故事，請相信自己，你的人生絕對沒有白活，如果心裡感到不安，不妨寫下來。在記錄自己生命的同時，一邊告訴自己「那時候我不也撐過來了」，一邊為自己注入信心，以口述故事來說服對方的能力，就從這裡開始形成。

在最終面試結果公告的前幾天，我怎麼也克制不了自己顫抖的心，一整天不斷反覆計算分數，每天都懊悔應該在考場上多寫幾句再離開，想像自己落榜的日子，比想像上榜的日子還多。就在我的負面想像達到無法正常用餐的程度，傳來了合格的消息。

合格簡訊發來的當下，我正在去見朋友的路上。收到簡訊的瞬間，我跌坐在地上，高聲歡呼「哇啊啊！」這可是我的小祕密。「我考上了。」當我若無其事的告訴女友合格的消息時，瞬間覺得自己擁有了全世界。

【專欄】散漫如我的一天K書計畫

聽到鬧鐘響立刻起床，洗完澡後，拿著一根香蕉出門的習慣，是我在備考階段才養成的。因為晚上專注力急速下降，必須在上午加緊學習。所以無論如何，早上七點到七點半之間，我一定要坐在自習室書桌前。

抵達自習室後，沒辦法立刻開始學習。我通常會先用一下手機或看新聞暖身一下（每次坐在書桌前，大腦就像糨糊一樣黏在一塊。這時，我會先花點時間好好安撫一下大腦，而不是直接學習。雖然我也想坐下來立刻努力學習，但是怎麼也辦不到）。暖身後，先讀個三十分鐘左右，接著喝完一杯咖啡，開始上午真正的學習。

我個人很喜歡早上尚未完全清醒，只有此時才感受得到的放空狀態。吃過午餐，待身體恢復活力後，散漫的細胞逐漸甦醒，腦中不斷浮現千頭萬緒的想法，怎麼也控制不了。相較於此，上午反倒不那麼散漫，甚至覺得一片祥和。

專注力下降的下午，我用來聽課，並且只找需要的內容來聽，晚上安排時間和其他考生一起練習解題。這樣的安排，是為了提高每到夜晚必定迅速降低的專注力。

在前往補習班或開始讀書會之前，我也會利用時間一個人學習；沒有課程或讀書會的時候，讀書讀到一半，我可能中間小睡一下，或是運動、聽音樂、散步、再喝一杯咖啡，如果覺得真的讀不下去，也會提早回家。

從星期一到星期五，每天都是相同的模式。每到週末，我會先在週六上午學習，下午就是自由運用的時間了。

每到夜晚，我總會感到焦慮，覺得其他朋友似乎都過得不錯，只有我一個人什麼都不是，不安在每個夜晚強烈襲來，也經常感到無力。很想緊緊握住些什麼，但是無論我怎麼尋找，都找不到可以抓在手中的東西。

此時，我會和我愛的人聊一下天，或是寫日記。我也記得自己在開著微弱燈光的房間內，眼睛直盯著手機（幾乎要被吸進螢幕），想要忘記強烈的焦慮。

▶ 圖表2-8　我的一天 K書時間計畫表。

時間	K書時間計畫
6：00 6：00～6：30 6：30～7：00 7：00～7：30 7：30～7：45 7：45～12：00	整理棉被，起床 吃早餐，準備出門 前往自習室的苦難行軍 暖身與簡單學習 稍作休息 上午真正的學習
12：00～13：00 14：00～17：00	吃午餐 散漫逐漸甦醒的下午，依然學習（聽課等）
17：30～18：30 18：30～19：30 20：00～22：00	吃晚餐 利用運動趕走散漫 結束一天的學習
22：00～22：30 22：30～23：30 23：30	踏著輕盈的步伐回家 自由時間（終於！） 結束考生辛苦的一天

為了上午的學習日程，一早就得起床，還得在同一個位置上撐到晚上十點或十一點，這樣的生活真的非常辛苦，任誰都想盡快擺脫考生的身分。已經不是考生的我，還為考生寫這樣的文章，可能受到一些批評，不過我想小心的丟出這句話：「今天一天寂寞嗎？」

第 3 章

打敗「散漫」這個敵人的撇步

該幾點睡才好？要切斷網路嗎？要怎麼克服這個低潮？針對注意力常不集中之人的特殊日常小訣竅，都在這一章的內容裡。

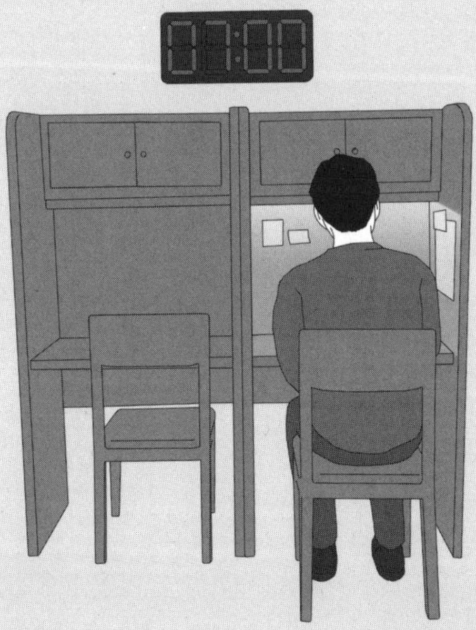

01 急躁、抱怨、唉聲嘆氣時，運動吧

週末的夜晚，一邊享用披薩，一邊打開電視，轉了幾個頻道，最後停在了有線電視的某個健康節目上，主題是更年期。

其中一組的中年女性來賓說：「每到下午，肚子就像有一把火燒起來。」另一位說：「我也覺得肚子一把火耶？還以為只有我這樣……。」

我懂。這個感覺很難向他人說明，非要說明的話，就像這把火燒上來時，也把壓力、不同情緒和各種感覺一起翻攪上來。雖然年輕男性體內有一把火燒起來的形容，聽起來有些奇怪，不過千萬不要誤會，我只是用火球來形容心中某種爆炸性的感受。

「你幹嘛讀書？」

「馬上丟掉書，去做你想做的事！」

「反正你也坐不久！」

只要坐在書桌前，這把火就會不斷向我燒來。每當此時，我都得拿出滅火器來撲滅，如果放著不管，火越燒越旺，最後可能連我都會燒成灰燼。不過也有控制不了火勢的時候，那我只能離開座位，移動至健身房，至少運動流點汗，能澆熄心中的火球。

站上健身房的跑步機，時速八公里是最適當的。看著跑步機前方鏡子映照出的我，心中想起了一些人，有為我加油的媽媽、為我加油卻話不多的爸爸，也有想牽手一輩子的女朋友和其他朋友。

想到這，我把速度調高到時速十公里，最後設定時速十二公里，最後衝刺三分鐘，這種彷彿飄在空中的感覺真好。雖然我想吐口痰在地上，當作是吐出壓力，不過因為在室內，我只能吞下去。

這些回憶至今仍歷歷在目。像這樣跑完步後，心中的那把火球就能沉寂一陣子。我不是健身教練，沒辦法大喊「來，看我動作」，一邊說明運動的要領，不過至少我能肯定的說，運動對抑制心中火球的效果相當顯著。

運動與學習效率的相關性，早有科學證明。某些學習方法書在說明運動的必要性時，都介紹了神經細胞（neuron）。還記得我在備考期間，直接跳過這個部分，原本也不打算寫這樣的內容，不過為了書本結構的協調，還是得放進來。

做有氧運動時，影響記憶與學習的神經細胞受到刺激活化，能提高學習效率。這些內容只要在谷歌（Google）上搜尋幾次，就可以知道。關於運動與記憶力的關聯性，美國杜克大學（Duke University）有相關研究；關於運動影響成人腦細胞的效果，有英國哥倫比亞大學（University of British Columbia）的研究等。**結論，還是老話一句：「運動吧！」**

或許有些讀者心裡會想：「又在講運動喔？」再說不運動的人當中，也有一些人書讀得不錯，我們得認同這個事實。不過，如果你也是心裡有一團火球在燒的人，或是情緒起伏較大的人，又或者是無法在學習、充電、專注時間取得平衡的人，不妨嘗試運動。因為，比起虛弱的身體，強壯的身體更能堅持備考生活。

對各種刺激敏感的散漫者們，聽好了，別再想東想西、後悔、擔憂、受傷、提心吊膽、絕望、小心翼翼、無精打采、急躁、抱怨、唉聲嘆氣、無謂追究、愛管閒事、怪罪世界、消耗自己，出門跑一跑吧，肯定會有滅熄心中火球的感覺。

02

「別碰手機」這個建議，沒用

想必每個人都有這樣的經驗吧？手中抓住手機的瞬間，原本打算K書一小時，休息十分鐘的決心立刻成為泡影，最後變成K書十分鐘，玩手機一小時。豈止如此？時不時響起的訊息通知，也會不斷妨礙我們集中注意力。

我也從某個就業諮詢網站上，觀察到人們使用智慧型手機的困擾。底下留言大多是「不要碰手機」，而「遠離手機」的建議更是壓倒性得多，也有網友說：「把手機交給媽媽。」「把智慧型手機換成2G手機。」「下載可以計算手機使用時間的App。」「關掉手機電源。」等。

但我認為，要求精神常渙散的人把手機關機，並非最好的建議，因為禁止會演變為誘發的機制。例如遊戲，偷偷玩的遊戲最好玩；例如食物，越不准吃的食物越好吃。換言之，這種不可以做、趕快戒掉的禁止用語，反倒只會強化刺激而已，與其努力克制或禁止欲望，不如換個觀點來面對。

假設你正處於受歹徒威脅的情況，當你決定採取「管它威不威脅，我都不在意」的態度，那一刻起，歹徒就沒戲唱了，因為威脅你的因素已經消失。反之，每次受到歹徒威脅時，你總是表現出恐懼，那麼歹徒會食髓知味，只會加大威脅的程度。

人類的本性也是如此。與其告訴自己「不要碰手機」，克制自己的欲望，倒不如抱持「碰手機也不會怎樣」的態度，那樣心

▶ 圖表3-1　讀書時，別碰手機。

禁止精神常渙散的人使用智慧型手機，
一定是最有效的嗎？

裡反而會更舒坦，學習效果更好。

告訴自己「滑手機又怎樣」，不必去管妨礙學習的各種刺激，同時積極利用充電時間，也就是為自己儲備活力的時間。換言之，試著漸進式減少使用手機的時間，並將這些時間運用在運動或睡覺、散步等。過程中雖然可能挑戰失敗，不過只要按部就班，一定會看到效果。

人們對某個東西成癮，或是沉迷程度超乎異常，通常不是真的樂在其中，而是出於惋惜——想繼續下去，卻不能繼續的心態。就拿巧克力來說，被迫吃巧克力的下場，自然是對巧克力敬而遠之；遊戲也是，就算要我們每天玩遊戲，在充分享受遊戲的樂趣後，最後只會感到厭煩。請記住，「禁止」永遠只會擴大莫名其妙的幻想，最好還是讓心裡舒坦一些好。

03 快要撐不下去時，聽音樂

「真的很孤單。該怎麼說？覺得自己很狼狽，一個人再也撐不下去，很需要安慰。此時，我都會去咖啡館，坐在同一個位置上，反覆聽著同樣的曲子。」

大學主修美術的朋友，在老大不小的年紀決定報考稅務士，在夢想與現實之間，她最終選擇了現實這條路。當我問她：「讀書沒辦法集中，或是讀到很累的話，妳都怎麼撐過來的？」她的回答是音樂。

自習室前有一家她經常光顧的小咖啡館，她會到那間咖啡館，坐在窗邊一角的位置上，戴上耳機，反覆聽著喜歡的鋼琴曲，一邊解題或休息，這麼一來，心中缺失的部分便一片片拼湊回來。她說這樣的感覺，就像歌曲的音符和書中的字一起流進了她的體內。

同樣的行為一再反覆，任誰都會逐漸喪失精力（越勉強自己，越是如此）。此時如果有個喜歡的事物，就能讓自己在漫長的備考生活中稍微好過一些。

和煦的氣氛、幽微的燈光、撲鼻的香味等，這些樸素而人見人愛的元素，為生活一片慘澹的考生送上希望的禮物，使考生置身於為自己而活的氛圍中。更重要的是，沉浸在這些自己喜愛的元素中，也削弱了滲透內心的無力與憂鬱。

當然，考試時不可能聽音樂，也不可能在咖啡館考試，所以很多人看不慣學生戴著耳機，坐在咖啡館內學習而嘲弄：「他們不會讀書，故意做做樣子的。」不過，我認為**就算歌曲會稍微妨礙專注力，如果一點一滴累積學習的時間，那麼這樣的學習本身就是好的。專注力較弱的人願意這樣K書，也是一個成就。**

為了讀書而勉強坐在書桌前的行為，終究讓人疲乏。這時，我會將耳機塞進耳朵，聽著音樂，覺得自己逐漸進入學習的世界後，再摘下耳機。

又或者感到再也坐不下去的時候，我會抓著一本較薄的教科書，轉戰咖啡館。坐了三十分鐘左右，覺得咖啡館的椅子坐起來不舒服，或是覺得環境吵鬧而難以集中精神時，再重新回到自習室。

許多考生經常執著於找出妨礙專注力的原因，但是在學習的同時，某種程度滿足自己的興趣與欲望，才真正有助於考生熬過備考生活。與其找出妨礙學習的原因，倒不如尋找有助於專注的輔助工具，例如喜歡的音樂等，會來得更容易。

考試當天發揮最強戰力就行。平時不妨像我那準備稅務士考試的友人一樣，在辛苦的備考生活中，聽輕快的音樂，讓自己放鬆。那麼，你的生活將會注入一股新的能量。

04 越睡越成功，準備考試也是

許多人誤以為減少睡眠，就能學習更久。你們認為頭痛、疲勞、注意力低落、食慾不振、消化不良等症狀出現的原因是什麼？睡眠可是掌管著體溫和消化等身體所有的節奏呢！

有些考生雖然沒有失眠症，但是閉上眼睛後，卻無法立刻進入夢鄉，如果不是累到倒頭就睡的情況，通常得翻來覆去三十分鐘左右，才能入睡。專注力較弱的考生，對於考試壓力的反應更敏感，容易維持在清醒的狀態，可能更難入睡。

他們嘗試過喝熱牛奶、睡前泡澡、伸展，甚至換了枕頭，也無出現太大的變化。躺下來想睡覺，腦中卻浮現成績、家人、未來等各種問題，怎麼也睡不著。

當我還是考生時，也不容易入睡。如今回想起來，當時雖然用盡了各種辦法，還是沒辦法將溜走的瞌睡蟲抓回來，即使營造適合入睡的特殊環境，也無太大幫助。

我最後選擇把入睡時間調得更早，並且這個時間一定要躺在床上，除了關掉燈，營造一個安靜的睡眠環境外，別無他法了。**考生在固定時間入睡，是最基本的生活準則。**

「考生要睡幾個小時才好？」如果有人這麼問我，我會說沒有正確答案。有的人把睡眠時間集中在週末，能睡得更久，但就算前一晚睡了十個小時，也不保證隔天一定不會累，有些日子越睡反倒越累。

我認為考生心裡已經有答案，因為最了解自己睡眠時間的人，正是自己。白天要睡多久，才能消除疲勞，或者夜晚要睡幾個小時，隔天才能維持最好的身體狀態，這些只有當事人才知道。

即便如此，考生依然想問充足的睡眠時間，這當中必然存在著渴望獲得他人安慰與同情的心情。

即使白天睡覺，也沒有必要感到壓力，**小睡片刻不是丟臉的事，不代表意志薄弱，也不代表暴露缺點**。加州大學的睡眠研究員莎拉・梅德尼克（Sara Mednick）認為，白天即使只是小睡片刻，也能發揮極大的效果。

例如提高生產力、強化認知能力、增強體力、轉換心情、激發創意、加深記憶力、減輕壓力、減緩偏頭痛與胃炎的頻率等，把喝一杯咖啡花費的時間，投資在睡眠上，肯定有不錯的效果。

赫芬頓郵報媒體集團（Huffington Post Media Group）共同創辦人雅莉安娜・赫芬頓（Arianna Huffington）因過勞在辦公室昏倒後，開始以睡眠推廣人自居，著書立說，其著作名稱即是《愈睡愈成功》（*The Sleep Revolution*）。她用工業革命、市民革命、獨立革命中的「革命」來形容睡眠，或許也代表了改善睡眠猶如革命般困難。

她在序文說：「睡眠是整體活力的核心。」又說：「加入睡眠革命的行列，逐夜轉變你的生活。」是啊，讓我們發起睡眠革命吧。

05 低潮，只會找上快要成功的人

「明明努力了，為什麼得不到想要的結果？」或是「我不知道為什麼要讀書，對自己充滿了懷疑。」每到這種特定的時刻，我們總覺得人生進入了低潮，不過低潮其實隨時都在。

不是K書順利K到一半，低潮忽然找上我們，而是備考生活本身就是低潮，只是有時比較順利而已。假設考試時間還剩下一百天，那麼厭倦學習的天數就有一百天。

低潮不會只找上考生，除了一些特殊的個案外，低潮也會找上生活平凡無奇的小人物，例如上班族爸爸、打工族朋友，以及正在上國小的弟妹。

當我們咬緊牙關，告訴自己為了未來，現在只能忍耐，卻在日後某一刻醒悟，問自己究竟要忍耐到何時，這瞬間，似乎正是我們口中的「低潮」找上門的時候。

這種感覺大概可以用求助無門來形容，那就像四方八方被堵死，既無法學習，也無法嘗試其他事情。或許是因為我貧乏的耐性吧，我所認知的低潮總像感冒一樣輕易、頻繁的出現。

喉嚨乾癢是感冒開始的徵兆，這時該去醫院看病或好好休息，才能戰勝感冒。雖然需要充足的睡眠和休息，不過事情豈有盡如人意的道理？偏偏在這種時候，不是忽然變忙，就是某件事無法收拾。

當扁桃腺嚴重發炎，病毒占據整個身體時，別無他法，只能乖乖吃藥和休息。雖然急著想盡快好起來，卻一點也沒有好轉，要等到接連出現發燒、流鼻涕症狀後，身體才會逐漸恢復。

低潮也是如此，我們會感覺到意志消沉。「為什麼最近這麼累？」「為什麼事情忽然這麼不順？」當我們出現這種想法的瞬間，等同於低潮降臨。

這種時候最好休息一天，或是稍加努力，達成一點目標就好，不過這並不容易。低潮總在我們處於低谷當下出現，事態只會往更糟的方向發展，所有事情一股腦往低潮奔去，當低潮占領我們的靈魂後，一切都已經太遲了。低潮一旦生根，就得等到它徹底興風作浪後，才會退散。

痛苦與絕望是考生怎麼也逃避不了的情緒，就像感冒是任何人會都得到的疾病，低潮也不會只發生在我身上，所以不必太擔心。那不過就像身體疲累容易感冒，內心困頓時，低潮也會跟著來。尤其散漫的人心中千頭萬緒，特別敏感，心裡更容易感到疲乏，我們只能選擇和低潮和平共處。

該如何面對低潮？不就像預防感冒的方法一樣？例如前文所強調的，吃好、睡好、多運動，增加身體免疫力，或是及時消除壓力，避免壓力越陷越深，方法應該不少。

我個人有一個特別的方法，那就是每當意志較低落時，我會仔細感受季節的變化，這也許只是微不足道的小事，不過感受著時時刻刻改變的溫度，身體的狀況也會隨之改變。

好比春天綻放的花朵帶給我們生機，我們不妨也為季節的改變賦予特別的意義吧。試著在吃飯、穿衣服、前往自習室、散步、回家的日常中，尋找充滿魅力的元素。如此一來，低潮將會來得更慢，或者來了就走。

再說，低潮不也是告訴我們只要堅持下去，勝利就在不遠處嗎？我們何不揮舞雙手，歡喜迎接低潮呢？厭倦或想要放棄的情緒，必然在勝利的終點前爆發，這麼看來，低潮這個不受歡迎的客人，只會找上達到一定水準的人。

別再抱怨「這樣的生活到底要過到什麼時候」，而是要想「看來我已經快到終點了」。不是有一句「痛苦會過去，美會留下」的名言嗎？

06 專注力下降時，動手整理吧

聽起來或許有些奇怪，每次讀書讀到精神不能集中時，我總會將我使用的筆擦拭乾淨，重新轉緊。

方法如下：先取出破損或沾染髒汙的螢光筆丟棄，再將其他筆和自動鉛筆拆開。拿出作答用筆，用透明膠帶纏繞筆管與筆尖，固定住筆芯；接著打開自動鉛筆的蓋子，取出斷裂的自動鉛筆芯全部丟棄，再填滿新的筆芯；將拆開後的自動鉛筆和其他筆的筆頭轉緊時，盡可能用力轉緊，再抽一張濕紙巾仔細擦拭各個部位，便大功告成。

我並不是有嚴重潔癖的人。但是坐在書桌前，整理每天使用的工具，似乎就能用新的角度看待這些物品。我不認為這是浪費時間，反倒覺得原本焦慮的心情逐漸平復了，覺得備考生活可以再繼續堅持一下。

只用我的例子來說明，各位讀者或許難以理解。不妨來看日本作家近藤麻理惠的情況吧。她是《怦然心動的人生整理魔法》的作者，目前出版的四本書不僅風靡日本，更在全球賣出六百萬本以上。甚至連英語都出現「kondo」（近藤）這個新造詞，用來表示整理。

整理改變了我看待生命的方式，因為我用整理來處理過去。在整理的過程中，我更清楚了解人生真正需要和不需要什麼，又該做和不該做什麼。

每天**一早坐在書桌前，整理前一天散亂的書籍**，便能看見今天必須學習的書籍。**一邊回想讀過的內容，同時也在心裡整理思緒**：「昨天哪個部分沒有讀熟，今天就專攻這個部分吧！」

整理隨手筆記的便條紙，也能再讀一遍標示特別多星號的地方，有助於強化記憶。整理也激發我更認真思考自己作為考生的身分，還有自己未來該做的事。在備考期間，創造一個用自己的方式穩住心情的行為，也不錯。

第 4 章

我已經拚命讀了，腦袋還是一片空白

你有過再怎麼讀，腦袋裡也沒有留下任何東西的神奇經驗嗎？至少我曾經這樣。散漫的人確實有些地方比別人更需要注意。

01 我的散漫，都是因為這樣造成的

我曾在谷歌搜尋列輸入「注意力缺失症」（又稱為注意力不足過動症，attention deficit hyperactivity disorder，縮寫為ADHD），常會隨之出現障礙、治療方法、藥物等關鍵字。我不是真的想查這些資訊，而是想知道注意力缺失症會在人們身上出現哪些症狀，我也想確認一下自己到底是不是有該病狀。但是我所找到的，只有醫學資訊（例如治療法等）和子女教育相關的內容而已。

我應該先談談自己所經歷的注意力缺失症症狀。以下「這種情況」，是我認為自己缺乏注意力的時候。

一、反覆背，卻毫無效果。

說好聽一點，這是為了掌握文本的輪廓，不過，真正的意思是錯過了細節。我曾習慣快速瀏覽某個文本，而不是細細咀嚼，這麼一來，自然會有錯過的地方，導致頻頻失誤。讀再多次，也只是快速瀏覽，沒能掌握書中細節，最後腦袋裡什麼也沒有留下。

在閱讀之前，必須先在腦中梳理已經熟悉的內容，才能學習得更徹底。學習「卡住」時，常有搔癢難忍的感覺，等這樣的感覺達到顛峰，再來閱讀教科書，不僅能帶來快感，還能提高投入程度。

當然，像期中考或期末考這類必須熟背書中細節的考試，得採用不同的策略，這時我會**一邊用筆蓋尖端在一個個詞語上畫圈，一邊往下讀，因為閱讀時，覺得不重要而跳過的詞語或概念，有時也會出現在考試中。**

在準備偏重篇章脈絡或大意、邏輯的考試時，採用前者的方法；在準備以默背為主的考試時，採用後者的方法，這對我在考試中獲得高分幫助非常大。

二、控制不了衝動情緒，快要崩潰。

「啊，喝杯咖啡，打起精神吧！」
「玩一小時的遊戲就好，玩完再來讀書！」
「和朋友聊一下天，再來解題吧！」

走出自習室，想著攤開在桌上的教科書，內心沒來由一陣憂慮，似乎也不錯吧？有時休息後再回來，神清氣爽，有種重新出發的感覺；有時充滿活力，覺得一天剩下的時間還可以繼續衝刺。

回到自習室後，有時的確更認真學習，不過更多時候其實是自我安慰而已。

就像滑手機時，內心不安的情緒一樣，我們一方面滿足了衝動，一方面卻又隨時受到罪惡感的折磨。儘管我們用盡各種辦法，像是故意把手機放家裡、關閉手機電源等，最終使用手機的時間可能也沒差很多。豈止如此，面對甜食、遊戲、網路等各種誘惑，我們總是覺得自己孤軍奮戰。

包括我在內，我們都不可能活出過於理想的模樣，讓我們回頭看看自己，是不是至今為止設定了太高的標準，以至於歷經多次失敗，又一次次的自責，對這樣的自己怎麼也不滿意？

與其執著於某些標準，倒不如多方嘗試自己想做的事情，了解自己是什麼樣的人，又渴望獲得什麼，才是最重要的，好好了解自己，自然會知道如何管理自我衝動的方法。

三、每日重複的日常，令人厭倦。

每天在相同時間起床，關掉鬧鐘，在距離換乘車站最近的車廂搭上地鐵，到達自習室，坐在自己的位置上，發現鄰桌的人今天也比我晚到自習室，做著一成不變的事情，直到晚上才回家。

這些被稱為「日常生活」的每一天，總讓人精疲力盡。常覺得自己就像希臘神話裡的薛西佛斯（Sisyphus），明知道石頭會滾下山，依然繼續把石頭推向懸崖上。

想要放棄時，我們經常找藉口說原本的事情太單調、太無聊，說渴望嘗試新的事物。「實在太累了，現在正是結束的好時機。」明明目前做的也不差，卻堅持想體驗更好的生活。我們也經常說：「該尋找真正的自我了。」暗自決定只要擺脫這一切，自己一定可以做得更好。

放棄目前進行的事情，轉而從事其他事情，那裡就會有新的我嗎？忽然去了一趟紐約，就能在那裡遇見真正的我嗎？如果停下目前的事情，轉換跑道就能找到自我的話，現在就該立刻去做。

但是那種事情並不多，我們只是盲目相信而已。我認為應該先從目前手邊的事情中，尋找真正的意義。如果不那麼做，在我們達成某件事之前，將會因為不斷嘗試不同事物，最後陷入徬徨無助之中。

02 不斷寫考題，比反覆讀更有力

只要讀七遍，就算讀完書了？《找對方法就能讀出高分！東大首席律師教你超高效率學習法》的作者山口真由，在自己的書中如此推廣，而她被稱為「考試達人」。她已經通過司法考試和行政考試，更以日本東京大學第一名頭銜畢業，可說是不負這個稱號。

但我讀到這本書時，卻備感驚慌。從書名來看，確實是一本關於閱讀的書籍，不過仔細閱讀內文，我才發現這不只是一本強調閱讀的書。

閱讀七遍這方法各有其重點。最初是掌握脈絡；第三遍閱讀是找出關鍵字；接著串聯關鍵字與關鍵字，掌握架構；在第五遍時默背書中細節；最後挑出大腦中記憶模糊的部分閱讀。整體來看，實際上是要讀者有系統的學習，而不是像書名所說的，要讀者無條件反覆閱讀。

如果你期待像讀小說一樣，只要教科書讀七遍，就能完成學習的話，請收回這樣的期待。對於喜歡閱讀時畫底線，反覆閱讀的許多考生而言，這是非常受歡迎的學習法。不過換個角度想，用這個其他人都在用的學習法，就想留下更深的記憶，得到更高的分數，有可能嗎？

「我跟別人一樣，讀教科書或參考資料，也很認真聽補習班的課程。因為別人都那樣學習，但是也只有那時候而已。聽課或看書時，覺得好像都懂了，可是重新再回想，卻一點印象也沒有。」

你是讀完了還是讀懂了？

無論什麼內容，讀過都會覺得已經了解。我讀完杜斯妥也夫斯基（Fjodor M.

Dostojevskij）《罪與罰》（*Crime and Punishment*）後，也覺得似乎看懂了內容，但是現在無法立即說明，勉強要說的話，大概只能說出「主角的名字叫拉斯柯尼科夫」。

但是對考生而言，了解和能夠說明K過的內容，必須是同一個意思，也就是說，**對內容必須熟悉到可以說明的程度，才能解開千變萬化的考題。單靠閱讀，是無法向別人說明讀過的內容**。

為了提高實力到可以說明的程度，在讀完文本後，得有個測驗的過程，例如解題。當然，不間斷的反覆閱讀，確實可以在較短的時間內讀完大量內容，然而當這種「在短時間內看完大量內容」的事實，和「已經了解」的感覺結合時，就會造成考生以為「我的學習很徹底」的嚴重錯覺。

即使一字不漏的閱讀教科書，也無法完全掌握內容的重要性、應用的可能性、與既有知識的相關性。再加上重複閱讀相同內容，有時也會賦予文本過多的解釋。

散漫者的學習攻略：

光是閱讀還不夠，得不斷寫考題

相較於沉穩的人，散漫者的主觀意識較強烈，即使和別人閱讀相同的內容，他們也可能朝牛頭不對馬嘴的方向解釋。所以，單靠閱讀絕對不夠，必須不斷測驗才行。

各種實驗已經證實，**重覆閱讀會降低學習的效率**。在亨利・L・羅迪格三世（Henry L. Roediger III）等人撰寫的《超牢記憶法》（*Make It Stick*）中，詳細介紹了多次閱讀的局限與相關實驗。

根據二〇〇八年美國華盛頓大學（University of Washington）進行的實驗顯示，即使多次閱讀文本，學習成果也和只閱讀一次文本幾乎相同。這是因為反覆閱讀的內容，會隨著時間流逝而自然遺忘。

即便如此！備考生活初期也只能讀教科書。不過就算是初步閱讀，也請務必記住以下內容。這是笛卡兒（René Descartes）在其著作《談談方法》（*Discours de la Mde la*）中提出的思考四規則：

第一，除了證明為真的事實外，其他任何事都不視為真。換言之，審慎避開輕率的判斷與偏見，除了自己心中有明確看法，真實性毋庸置疑的事情外，不對任何事妄下定論。

第二，盡可能將有待解決的困難分成更小的部分，以便於分頭妥善解決。

第三，按部就班執行心中各種的想法。換言之，先從最單純、最容易理解的對象著手，像爬樓梯一樣一步步往上爬，直到最困難的頂端為止。而原本沒有先後順序的想法，也必須先設想好順序再執行。

第四，隨時進行詳細的列舉與全盤的檢驗，直到確定沒有任何遺漏為止。

簡單來說，就是「**不斷提問為什麼**」、「**不要大段大段閱讀，盡可能細分，再來理解內容**」、「**一開始別太勉強，先從最簡單的文本開始看，再一階一階爬**

上最複雜的內容」、「**確實檢討，要確定沒有任何遺漏**」。

雖然會多花一些時間，不過我在讀教科書時，如果遇到陌生的部分，一定努力找出書中的概念，並檢查其他章節是否有相關的內容。這個過程非常繁瑣，讓人頭昏腦脹，但是我對此深信不疑，堅信這麼做才是長久之計。

實際上，我會鄭重的反問自己：「這樣讀，我有理解嗎？」並且把要學習的內容分成小段落來讀，這麼一來，確實有整理的效果。從某一刻開始，閱讀速度逐漸加快，學習不再像是往破水缸倒水而令人痛苦了。

有意義的自信和不必要的傲慢之間的界線，其實很模糊。在讀書效果立竿見影的童年階段，即使採用反覆閱讀的方法，成績也還算差強人意，大多是憑感覺閱讀，憑感覺答題。

但是，我後來發現，隨著學習量的增加，越是些許分數差異就能大幅影響名次的考試，越需要細心且有系統的準備，才不會輸人一截。我認為這是應對備考生活最基本的態度。

03 每隔兩至三小時，換讀另一個科目

我的內心一直有個懸而未決的問題，它是個讓個性散漫的我，長期以來堅持找出答案的問題，就是「該怎麼做，才能在短時間內完成大量學習」，換句話說，這是關於學習效率的問題。如果能在短時間內大量學習，就能利用省下的時間做自己想做的事，這麼一來，我也不會因為不務正業而產生罪惡感。

容易分心、注意力不夠集中的人，面對錯綜複雜的事情，通常會選擇放棄，尤其是做自己不想做的事情時，抗拒的心理更加快了放棄的速度，他們想盡快脫離這個狀況，嘗試令自己歡喜雀躍的新事物。因此，學習常會有「卡關」或問題無法解決的情形。

對於靜不下來的考生而言，這正是他們比別人更重視學習效率，也最優先需要學習效率的原因。為了不讓他們中途放棄，至少要讓他們有工作或學習順利進行的感覺才行。那麼從現在起，讓我們來見證三個有效學習的方法。

一、解考古題，一解再解。

我曾經擔任國家考試檢討委員，在國家考試中心住過五天。當時，我再次驗證了一個事實，那就是**任何考試題目都不會脫離考古題太多**。

考生經常揣摩「上意」，以為出題者會故意提高難度，考細枝末節的內容。所以每一本書都不敢放過，盡可能讀完所有考試內容。

但是**出題者更在意的，不是「出特別的考題」，而是「避免考題有誤」**。在一定的時間內要完成出題，出題者不可能冒險，所以最後只能在固定的範圍內選用經過驗證的考題，而限定這個範圍的，正是考古題。

在我準備許多考試的過程中，常聽別人說考古題非常重要，聽到耳朵都要長繭，不過直到近期，我才總算了解這句話真正的意義。由於可以準備考試的時間所剩無幾，我把十年來的考古題一翻再翻，發現了之前錯過的訊息。

其實，**重要的題目會以三至六年為週期反覆出題**，只是稍微改變一下內容。我也發現到有出題頻率高的部分，和出題頻率相對低的部分，在教科書上標示出這些部分，專攻其中的內容，學習效率的確提高了不少。

二、少量、多次閱讀。

在建築過程中，有個階段稱為「養護」。走在路上，偶爾會看見混凝土附近用禁止進入的封條圍起來，表示正在養護中。養護是靜置混凝土，讓混凝土完全乾燥的階段。繼續傾倒水泥，並不會讓混凝土變得更堅硬；混凝土必須經過吹風乾燥的養護階段，才會凝固得更堅硬。學習也是如此，維護相當重要。

學習時必須安排時間休息，讓自己有空檔重新回想遺忘的部分，可以是「先學習一小段時間，再趁散步期間複習學習的內容」，也可以是「**每隔兩至三小時**

換讀另一個科目」。如此一來，才能找出需要加強的部分，並且投入時間加強，最終提高學習效率。

新輸入的知識和原本儲存的知識，無法短時間內形成連結，所以長時間專注在學習相同的內容，只會使用到短期記憶而已。

想要留下長期記憶，最好保留充分的時間，讓知識與知識彼此結合。在遺失部分知識和重新找回知識的努力反覆作用下，將可強化記憶，知識之間的聯繫也將更加緊密。

平常K書，也要像跳轉電視頻道一樣輪流讀不同的書。有些書下雨天特別想讀，有些書想在上下班的地鐵上讀；即使坐在同一個位置上，也要交替閱讀幾本書；即使是一

▶ 圖表4-1　學習也需要養護。

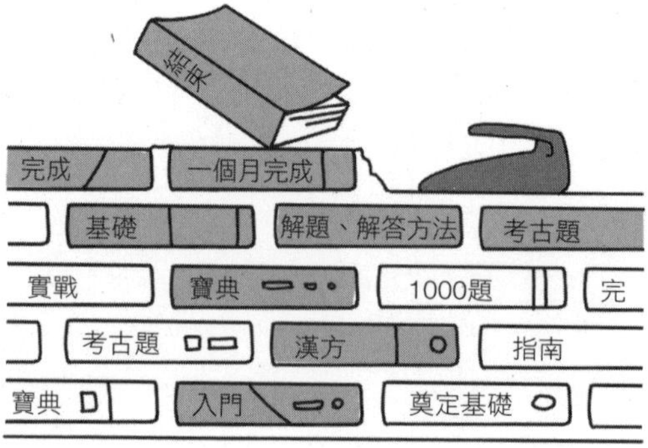

天內就可以讀完的分量，也不妨分散在一個星期內K完，隨時回想學習的內容，確實更有助於加深印象。

讓我們搭配節奏和時機學習，自然而然達到養護的效果吧。

三、自我測驗。

提取（閱讀）、輸出，以及自我測驗，是本書所強調的學習法。不過這套方法也不免讓人有「虛有其表」的想法。實踐過的人都知道，在學習讓人厭煩到快要崩潰的情況下，什麼自我測驗，什麼提取默背的知識，談何容易呀。

最高招的默背技巧，是「像老師講課一樣說明」學過的內容，不過這個技巧不是人人都辦得到的，可是又不能放棄「列印輸出」的練習，真讓人進退兩難。

而關於自我測驗學習的內容，以下有三個實際可行的方法。

第一，隨便抓一個人問問題。

如果可以請教身邊會讀書的朋友，那是最好的。不過這不單純是學習朋友解答的過程，而是聽那些和自己處境相同的考生，是在什麼地方得到答題線索，又是如何思考題目，透過他們的回答自然而然領悟。

第二，不斷對自己丟出「為什麼」的疑問。

第一次讀教科書時，請在讀完一段句子後，先問一次「為什麼」，接著再讀一段句子，再問一次為什麼，像這樣不斷提出疑問，**直到自己能夠清楚說明或完全理解之前，必須一再提出疑問**。

只有在完全理解的前提下，才能提升默背的力量；而在這股力量以穩定的速度確實發揮出來前，千萬不能停止反問自己。

第三，營造非自我測驗不可的環境。

雖然我們都不喜歡別無選擇，不過就當是為了列印輸入大腦的知識，最好還是組個讀書會。其實有不少補習班學生，雖然討厭補習班，但是心裡認為上補習班至少有助於考試，才選擇補習。

勉強自己參加解題讀書會的原因，也是一樣的道理。真的不行的話，就那麼做吧，為了更徹底的理解K書內容，至少營造一個稍微勉強自己的環境吧。

04 「搞不好會出這題」，這種心態會害你落榜

TMI是「Too Much Information」的縮寫，是表示過多資訊的韓國新造詞。在投入備考生活的那一刻起，無論是有意還是無意，我們早已暴露在資訊的洪流中。

這些資訊包括許多補習班與課程、各家出版社推出的教材、重點整理，甚至是旁人的建議和考取經驗。各種資訊如洪水般湧來，讓我們在心中對這些氾濫的資訊大喊：「TMI！」

有些考生耗費大量的時間和精力，只因為不想放過任何一個資訊，這其實是因為不安。「不讀這個，好像就會輸給別人」的不安；「我沒有讀到的部分，好

像會出現在考題裡」的不安；或者「答題線索就藏在這些資訊裡，怕錯過這些線索」的不安。

對於這些不安的感受程度強弱，決定了即使投入相同的學習時間，有些人可以輕鬆跨過合格的門檻，有些人卻名落孫山。這個差異起初也許看來不那麼明顯，但是隨著備考時間的拉長，各種資料越來越多，甚至到了考前無法再消化的極限。可惜的是，此時已經為時已晚了。

「搞不好」的想法讓許多人變得行事輕率。明明只是去爺爺家吃飯，還要帶上三本書，想說搞不好會讀；明明步行到地鐵只要二十分鐘，卻用平板下載了一堆網路課程，想說搞不好會聽；明明在公車內看書會頭昏，還是帶著英文單字書，想說搞不好會背。

到底是為什麼呢？我們都知道要丟棄沒有意義的資訊，但是要用什麼標準來丟棄資料？

答案是「搜尋的可能性」。在需要時搜尋不到的資訊，就是不必要的資訊。補習班發的講義傳單，以及想說搞不好會用到的各種資料，全部丟掉吧！它們已經全面占領你的書桌和書桌下地板，導致你連雙腳都無法伸直。

你真的記得哪些內容出現在哪些資料裡嗎？搜尋不到的資訊就像灰塵，漫天飛舞的資訊確實需要好好清理一下。

而TMI也適用在教科書上畫記重點時。想想看，你讀教科書，為什麼會畫重點？多數人是為了強調內容，不過我並非如此，我是為了不再看到沒有畫底線的內容，所以我先區分出一定要看的內容和不必再看的內容，才謹慎的畫底線。

想要將一千多頁的內容放進腦中，並且寫出答案來，最有效的方法是先將內容的四分之一畫線，再將其中四分之一畫圈，最後只默背畫圈的部分。這麼一來，即使是分量將近一千頁的書，也只要花三十分鐘複習，更有利於考試前一天的準備。學習是十六分之一的決鬥，其他都只是TMI。

當然，也**有些考試不適合這種方法**。根據我的經驗，**國中、高中校內考試正是如此**。還記得當時我把所有詞語都畫圈，幾乎要把教科書畫破。校內考試只能滴水不漏的背下來，沒有其他方法了。

接下來這句話，不知道正在寫「學習法」書籍的人會怎麼解讀，不過我個人認為，別人說的學習法只要聽一半就好，其他一半就照自己的興趣進行，這才是最重要的。學習法書籍從古至今如此氾濫的原因，不正是因為沒有絕對正確的答案嗎？

在我還是考生時，我讀遍了各式各樣的學習法書籍，像是「韓國高考三冠王」高承德律師的書、韓國第十八屆國會議員洪政旭寫的自傳《七幕七章》等學習法經典，並參考許多其他人的考取經驗。

但是讀到最後，我依然沒能建立適合自己的方法。尤其對於無法久坐、容易分心的我而言，更需要量身打造的學習法。像高承德律師那樣為了縮短吃飯時間，選擇邊吃飯邊讀書，甚至連續讀上十四個小時，我可是重新投胎也辦不到。

▶ 圖表4-2　只要學習全部內容的1/16的祕訣。

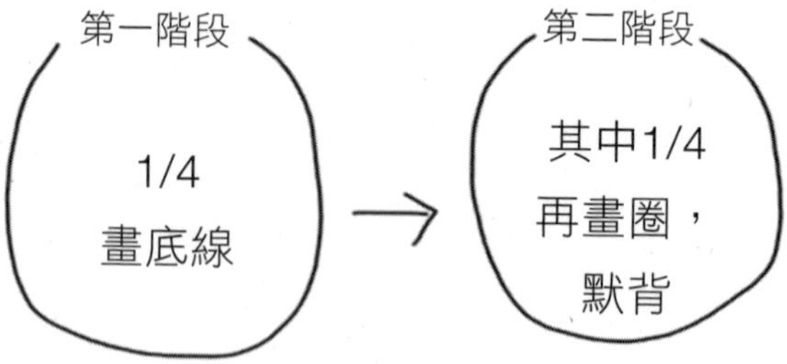

「補習班一定要選擇面授。」

「哪有，函授才是節省學習時間的方法。」

「看重點整理書，可以縮短學習時間。」

「哪有，重點整理書只是敷衍了事。」

「一定要做課堂筆記。」

「哪有，做課堂筆記的時間，倒不如拿來多讀一遍教科書。」

關於學習，人們真的有太多話想說。是啊，你就那樣學習吧，我就讀我的書，照我的方式學習就好。反正在跌跌撞撞的過程中，自己的學習法也會不斷轉變，不必因為別人的話患得患失，我們就在心裡大喊「TMI」吧！

05 要不要去上補習班？聽課不等於學習

在我還是大一新生時，同時兼了許多家教，家教讓我感覺自己的實力比其他學生進步得更快。有時一個人解出了算式，開心得四處跑跳，停不下來，一方面也有些後悔，要是求學階段也像教別人一樣學習的話，肯定可以更輕鬆的提高更多成績。

也許現在的你，也正間接幫助學校老師、補習班老師、家教老師學習呢。希望各位不要像我一樣後悔就好了。

好，如果只寫到這裡，可能部分讀者會誤會：「你好像在說上課沒有用。」「別人都在上補習班，我怎麼可能不上？」等。我不是說上課沒有用，我在求學階段也有請家教，也會去找網路課程來聽。

因為不熟悉必修科目的概念，學習量也相當龐大，某種程度只能依賴學校課程。此外，每次看著隔壁桌朋友專注聽課的眼神，我心裡也會感到不安，覺得不加入上課這個隊伍，自己似乎就會被淘汰。不過，我們還是得區分課程能給的效果和給不了的效果。

首先，我們必須了解「聽課」和「習得知識」的差別。為了便於讀者理解這兩者之間的差異，我想先介紹我和太太的小確幸。最近，我們入睡前喜歡躺在床上各自用手機看影片，當作一天的休閒娛樂。

太太喜歡看美妝 YouTuber 的影片，我則是喜歡看職棒精采回顧影片和棒球解說影片。有時候，我們甚至會躺著看超過三十分鐘，當作殺時間。不過，太太化妝的技術並沒有太大進步（太太自己也承認），而我依然

▶ 圖表4-3　聽課不等於習得知識。

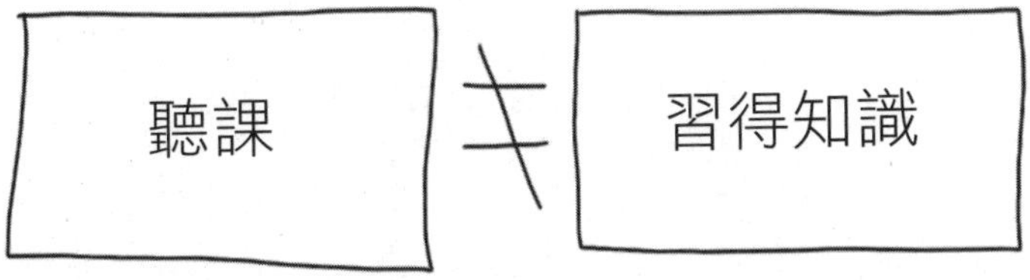

只會揮棒。

由此看來，聽課確實不等於學會了知識。坐著聽課，常讓我們覺得自己已經了解了全部的內容。再怎麼困難的內容和概念，只要聽完老師簡單的說明，我們就會誤以為自己完全理解了。在高估自己能力的同時，卻錯過了真正需要的學習。

如果有人這麼問我：「所以是要叫我們聽課，還是不要聽課？」我的回答是：**「可以重視課程，但是盡量讓自己比別人更少依賴課程。」**就算從明天開始，世界上所有補習班都關門，家教全面禁止，學校所有課程改為自習課，也可以憑自己的力量持續備考生活。

如果你是努力養成自主學習習慣的人，至少套裝課程八折優待、終生課程免費使用券、網路課程特價即將截止、好友推薦，再享○萬折扣等廣告，不會動搖你的心。

不要像在超市選購買一送一的商品一樣，特地購買課程來聽，好的課程或許可以給你兩倍的學習效果，但是不怎麼樣的課程只會浪費你兩倍的時間。

既然有完全依賴課程的問題考生，當然也有坐在教室五分鐘都嫌痛苦的考生。尤其在散漫者當中，也有一些人說：「我知道一定要聽課，但要我坐在教室椅子上，實在太痛苦了。」我也是這樣。

在固定的上課時間到教室，課程結束後走出補習班的生活一再重複，不禁覺得自己像一個商品一樣被消費著。尤其從早到晚聽不同的課程，強行將資訊輸入腦袋，更有種學習行為消失的感覺。

我認為不必因為別人聽課，所以自己也要投入半天的時間聽課。尤其是被迫聽課的話，心裡的雜念越多，也越難以集中注意力。這句話在某些人耳裡聽來，可能是討厭聽課的學生在找藉口，不過我想說「不必得那樣」。

因為沒辦法像別人一樣專注於課程，或是偶爾翹課而浪費的學習時間，我認為都是總有一天要還的債，抱著還債的心情，獨處的時候更能專注於學習。

無論是高中三年總成績單上印著的丁（譯註：韓國高中成績單等級為「秀優美良可」，相當於臺灣高中成績單的優甲乙丙丁），還是大學畢業分數勉強拿到滿分四．五分的三分。綜觀這些成績來看，我應該都不是一個喜歡聽課的學生。

因為沒有聽進出題者，也就是學校老師的授課內容，所以校內成績自然考不好。

我想說的是，**專注力較弱、散漫的考生不必勉強自己聽課**，刺激皮質醇（cortisol）的分泌，**而是要不斷努力尋找自律學習的方法**。

在理解基本概念前，可以多利用課程，之後應該盡可能增加自學的時間。這樣才能創造更好的結果。

散漫者的學習攻略：

原來，問題出在皮質醇

散漫者從事非自己所願的事情而承受壓力時，會比沉穩的人更快分泌名為皮質醇的物質，而皮質醇與慢性疲勞及憂鬱症的出現有關。

只不過，如果真的想利用網路課程，不妨參考以下的方法。我高中時，有個朋友喜歡瀏覽網路課程網站，聽知名講師的試聽課程，他說試聽課程有許多有用的資訊。

這位朋友口中最有用的資訊，就是講師對該科目的概括說明。他比較自己已經了解的內容，和網路課程中對整個科目的說明後，更有自信的加強自己缺乏的部分，奠定學習的穩固基礎，我認為這是主動善用網路課程的好方法。自己的學習最終還是要由自己來。

【專欄】

考生常見的不當幻想總整理

・期待自己考滿分！榜首！

在大考拿到「滿分」，或是在高考取得「榜首」的夢。然後想像自己接受採訪，父母在親戚和鄰居面前炫耀我被採訪的報導，還把印有我名字和榜首兩個字的布條掛在社區入口。

現實中的我，反而是滿心祈禱再多對一題，距離合格更進一步。雖然模擬考成績總是在合格邊緣徘徊，但是想像自己得到滿分，卻是繼續堅持備考生活的動力。抱著「搞不好」會拿到滿分的心情，度過備考生活的每一天。

・考上後，去找曾經暗戀的人

是因為電影或連續劇看太多了嗎？為什麼主角考上首爾大學後，總要回頭找求學階段暗戀的人呢？為什麼曾經一貧如洗的考生，忽然通過司法考試，成為檢察官後，要重新出現在已經分手的戀人面前？穿什麼樣的衣服，用何種外貌出現固然重要，在什麼時機點出現也很重要。

總之，幻想功成名就的自己，重新出現在曾經暗戀過的人面前，一個人咯咯笑的時候，時間總是過得特別快。有時，就是因為想像著這樣激動人心的時刻，總有一天成真，才能在書桌前坐得更久。

・只要好好讀書，人生就會變彩色

還以為自己到了三十歲，會住在有四個房間的公寓，開著帥氣的跑車，至少一年會去歐洲旅行一、兩次。儘管現實是即使畢業於名校，就業後也無法擺脫死薪水，不過這種不切實際的幻想倒是很常出現。

為什麼以前會以為好好讀書，就能過上輝煌燦爛的人生？至今我仍然不知道原因。即便如此，我相信幫助我們度過難關的，絕對是令人激動的想像，而不是堅強的韌性，無論那樣的想像是多麼的荒唐。

第 5 章

就算散漫，還是要增強動機

我從沒有任何一刻想要讀書，但是我打造了非讀書不可的情況。

本章要介紹，無論多麼疲勞、厭倦、煩躁，也能讓你主動學習的「可惜循環」。

01 讀書本來就很苦，別勉強自己當成享受

想太多真痛苦。我們腦袋裡總是胡思亂想，一下子是穿梭世界各地的英雄，一下子又變成連續劇裡命運坎坷的主角，不只這樣，有時還會回味一下昨晚和朋友聊天的內容，或是思考今天午餐要吃什麼，雜七雜八的想法揮之不去。

真不知道是因為集中力比較薄弱才會胡思亂想，還是因為胡思亂想才變得這麼散漫。可以確定的是，只要坐到書桌前，想像力就會達到最高點。需要靈感的人，請先坐在自習室的書桌前，隨便翻開一本書，等上十分鐘就好。肯定會湧現無窮無盡的靈感。

這時，神奇的事情發生了，坐在書桌前，思緒接二連三冒出後，總會在最後

遇見一個類似的疑問。這個疑問令人難堪，想逃到別的世界去，甚至想當場丟下手中的筆。

「這真的是我想做的事情嗎？」

怎麼可能是呢？這個世界上不會有喜歡讀書的人吧？這個疑問有時針對的是更深層的問題。好，假設考試通過了，難道領死薪水是你的夢想嗎？又假設考上好大學，難道當個普通的文組學生是你的夢想嗎？一個個問題好比萬箭穿心，覺得自己更加悲慘了。

我們當然也明白，要考上好大學、找到好工作，並不是那麼容易的事。我也曾經那樣，而那也可能是現在某個人最急切的夢想和希望。儘管如此，現實上不容易成功的事情，並不會就此成為正面的夢想，至少對我而言是那樣。

我想寫作，或者即便沒有寫作的能力，至少我也想做「我心甘情願」的事情。應該會有那種就算沒辦法具體說出自己哪裡喜歡，也能完全證明我有所堅持的事情吧？那種雖然沒有很明確，卻有一股強大的力量推動我前進的事情，但準備考試絕對不屬於這個範疇。你說：「逃避不了，那就享受吧？」讀書只是咬牙苦撐，才不是享受。

有時候不免會想，只要不是讀書，其他事情好像我都可以做得很開心。聽到那些只要好好讀書就行的考生說：「除了讀書，其他我什麼都辦得到。」覺得想法真是幼稚。或許有讀者看到這裡，會批評我說：「你會這麼說，代表你也是勉強在學習吧！」如果我回答：「不想學習，難道你就有更好的選擇嗎？」也太沒有責任感了。如果會這麼回答，我也不會寫這本書了。

想太多又怎樣，又沒犯罪，直到現在，我們還把想太多當作是犯錯一樣。我認為容易分心也有好處。必須先有效處理各種訊息，才有可能「想太多」。換句話說，無論有意或無意，你早已知道如何有效利用精力去處理訊息了。

只要好好運用在讀書，必定大有幫助，因為學習就是在短時間內處理大量知識的行為，拿出信心吧！

在本章，我想盡可能誠懇、具體的寫出我是用什麼方法強化動機，又是用什麼心態挺過考試的日子，這些可能不是什麼了不起的祕訣，不過，即便是我們都知道的事實，如果用文字記錄下來，或許可以帶給讀者一些共鳴和鼓勵，知道「原來還有和我一樣的人」。

期盼閱讀這本書的你，可以再次堅定自己的意志，鼓起勇氣。

身穿白襯衫上班的職場人士，難免衣角會沾上汙垢，只要回家把襯衫放進洗衣機洗就好；腳踩皮鞋上班的上班族，難免鞋底會磨損或脫落，只要替換鞋底就好。而每天坐在書桌前用腦學習的考生，也難免會被雜七雜八的想法影響，這時只要回家睡個覺，或是在附近散步一圈就好。有時不妨帶著這種輕鬆的心情，來面對學習吧！

02 我每天早上七點一定坐在書桌前

散漫的人常以尋找意義為理由，四處窺探目標，興趣也經常改變。如果能因此發現本想尋找的意義，那還算萬幸，問題是沒有找到意義，還搞得自己精疲力盡。

我們必須承認，任何一個地方都不存在完美的幸福或百分之百滿意這個事實。即使你想擺脫考生的身分，也不會如你所願。我們必須先認清現實，學會克服徒勞無益的生命要領，才能安然度過備考期間，避免在這段期間倦怠或失望。

日本作家村上春樹每天清晨跑步一小時，只在上午寫作，人們以為他一整天都在寫作，然而他一天只寫稿紙二十頁分量的文字，也不超過上午；法國科幻小說作家柏納・韋伯（Bernard Werber）同樣每天上午寫十頁左右的文字，午後從事各種活動，例如見朋友等。

村上春樹和柏納・韋伯，這兩人都努力維持適當且固定重覆的生活節奏。我想這是因為他們都有自己獨特的例行公事，幫助他們克服乏味的日常生活，並且在寫作時發揮效率和持續性。

投入備考生活時，我和自己有個約定——必須在每天早上七點坐在書桌前，至少這點一定要努力遵守。因為就我的判斷，如果考生連幾點開始讀書這點都堅持不了，倒不如不要準備考試。除此之外，要坐下來讀幾個小時、玩多久的手機、多久見一次朋友，這些我都沒有硬性規定。

為了每天早上七點坐在書桌前，得過著多辛苦的生活呢？通常我必須在六點起床，洗完澡後出門。搭公車到自習室要十五分鐘，離開被窩，搭上公車，到站下車，走向自習室的這段路，每次都是苦難的行軍。

在這段路上，還伴隨著令人厭煩的疲勞，以及偶爾對這個世界無足輕重的憤恨。在自習室前的山坡上，我像是手煞車拉滿的汽車一樣，拖著沉重的步伐一步步往上爬。綜觀考生一天的行程，從離開被窩到坐在書桌前，大概是難度最高的一個過程。

只要坐在位置上，我就不太會分心，因為分心做其他事，實在白費了當天早上經歷的苦難行軍。

像這樣因為「可惜」而學習一段時間後，又會捨不得學習的時間，反而會更認真學習。經過這個令人滿意的一天後，覺得白白度過一天的尾聲太「可惜」，於是又早早入睡。因為隔天也想要早早起床，再創造一次那樣的一天。

有時候沒能在早上七點坐在書桌前，心裡不免會想「既然今天毀了，就徹底毀下去吧」，因此要廢了一整天，不過那樣的日子並不多。總之，我不過是遵守了一個約定，備考生活就自然而然進行了下去。早上七點坐在書桌前的那一瞬間，我能感受到自己正是自我生命的主人。

只是遵守和自己的一個小小約定，竟然能讓一天過得如此踏實，我自己也相當訝異。對於嚴重散漫，和勤奮八竿子打不著的我而言，這就像奇蹟一樣。有時覺得這真是稀罕，有時歪頭一想，又覺得「這哪有什麼好稀罕的」，在這樣的心境轉變中度過備考生活。

這種因為感到可惜而開啟的良性循環，我認為在積極利用散漫者肯定會有的好奇心時，也會有同樣的效果。那是希望在時間變化中，深入了解個人極限與能力的好奇心，也是希望盡可能測試自己，看自己的潛力能發揮到什麼程度的好奇心。

建議人們用整理床鋪開啟一天的威廉・麥克雷文（William McRaven），是前美國特種作戰司令部司令，也是全美國人的英雄。來聽聽他怎麼說：

「每天一早整理床鋪，等於完成了當天第一件任務。這時各位將會感到小小的自豪，也會鼓起勇氣執行下一個任務、下下個任務和其他的任務。最後在一天的尾聲，你

▶ 圖表5-1　因為感到可惜而開啟良性循環。

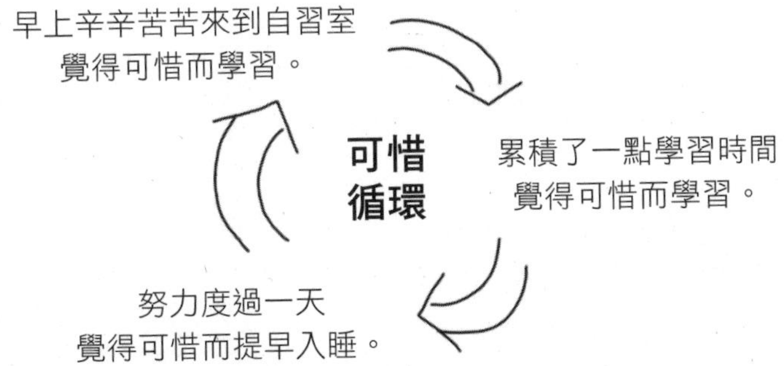
早上辛辛苦苦來到自習室
覺得可惜而學習。
可惜
循環
累積了一點學習時間
覺得可惜而學習。
努力度過一天
覺得可惜而提早入睡。

所完成的任務次數肯定相當驚人。」

在剩下來的備考生活中，發揮你的散漫，不，是發揮你的好奇心吧。在你的內在，或許存在著連你也不曾體驗過的可能性，正等待你的發掘。試著找出一個可以讓你擺脫單調日常的例行公事吧。

只要找到這個例行公事，之後問題必將迎刃而解。就連美國人的英雄，也說用整理床鋪開啟一天了。

03 只是試了一次而已，小成功策略

《我只是試了一次而已》的作者金閔泰製作人，強調實踐小事的重要性。他在書中介紹組織理論大師卡爾・維克（Karl Weick）的「小成功策略」（Small Wins Strategy），向我們傳達以下訊息：

越是將某個問題想得太困難，越會增加人類的無力感與不安。最終被問題壓垮，什麼事情都嘗試不了。想要順利達成目標，最好的方法是將事情切割成小事，從這些小事開始。

想要克服備考期間低落的自卑感、自尊心與不安，同樣只能從小成功開始累積，先從目前可以完成的活動著手吧。

活動一：**在五分鐘內瘋狂完成一件事。**

有時我連看電影也會覺得無聊。只要不是《鋼鐵人》（*Iron Man*）系列這種讓人目不轉睛的電影，要我連續兩個小時待在又黑又密閉的空間內，呆呆看著螢幕，實在讓人痛苦。所以如果做某件事可能得花一個小時以上的時間，我一律早早放棄，我連試都沒試過的事情，可以說不計其數。

大概是因為這樣吧，所以我每次坐下來讀書前，總得花上漫長的準備時間。就像看不見盡頭的飛機飛行跑道，從發動、滑行到起飛，中途還經過幾次的停頓，即使鐵了心催促自己「該讀書了吧」，但腦袋依然想著其他事情，至少花了一個小時在逃避開始學習。

既然連開始學習都困難重重，我決定改變想法。無論如何，開始學習都只用「五分鐘」。因為五分鐘我還辦得到，於是我下定決心：「至少讀個五分鐘也好，總之先開始再說吧」，這麼一來，跑道竟開始變短，飛機早早就起飛了。

「起飛」本身相當重要，因為一旦起飛後，自然會隨著身體的狀況飛向更遠的地方。有時坐下來只打算讀五分鐘，最後竟然讀了五十分鐘，當然，在這個行為養成習慣之前，還得經過練習和訓練的過程。不過在逐漸熟悉後，對備考生活帶來極大的幫助。要說副作用的話，實際上只讀五分鐘的情況也不少。

活動二：用小小的冒險轉換心情。

我大學主修行政學。不知從何時開始，我越來越抗拒學習主修，所以報考了理工科方面的考試，報考完技術職考試後，竟有不少人問我：「為什麼你要去考待遇比行政職還差的技術職考試？」

我其實想反問他們：「最近社會這麼不穩定，雞蛋總不能都放在同一個籃子吧？」也想告訴他們：「我想試試新的科目，提振一下心情。」不過這些回覆都沒什麼意義，所以我只是敷衍幾句說：「就試試看。」

現在我想借用這頁的篇幅，好好回答這個問題。當時我的想法，是要透過「這我也辦得到」的成就感，來發現不一樣的自己。因為能夠跳脫局限，盡情嘗試各種事物的感覺，實在太棒了。

有些事情光是想像，就讓人心情激動，例如四處尋找美味的餐廳，品嘗從沒吃過的滋味；買張火車票，來趟說走就走的週末旅行；報名烘焙班或花藝課，挑戰一個平常不容易接觸的興趣。

這些小小的冒險，**能帶給人們力量去面對疲乏的日常，即便是考生，也可以多累積這樣的冒險，為漫長的備考生活減輕一些壓力。**

活動三：**給自己的興趣多點愛與關注。**

我們總是牢牢記住犯過的錯或失敗的事情，卻容易遺忘成功的經驗。心理學將這個現象稱為「負向認知偏誤」（negativity bias），比起正面的訊息，人們更容易記住負面的訊息。

為了生存，人類進化後變得更重視危險，所以負向認知偏誤可以說更接近本性。但是貶低自己的成就，只專注在自己的缺點上，容易讓人變得挫折沮喪，也無法對成就報以感恩的心。如此一來，持續挑戰的力量將日漸衰弱。

因此，我們必須先改變看待成就的方法。比起他人的反應或評價，我們更要優先關注自己從事的行為本身。舉例來說，求職者投出履歷，通過書面審查時，應該將自己當作主體來看待，要想著「是我向那間公司投出履歷，並且通過審查」，而不是「那間公司通過了我的書面審查」。

將行為的主體放在自己身上，我們才能從小小的成就中體會到真正的價值，獲得繼續挑戰的力量。

活動四：**多接觸有益的人。**

我相信每個人都有不同的能量，這股能量可以在人與人之間流轉。所以失敗與挫折的能量如烏雲般籠罩時，我認為多接觸自己崇拜、喜歡或信賴的人，就能獲得開朗正向的能量。

備考期間，考生經常煩惱：「可以談戀愛嗎？」「我是考生，可以參加婚禮？」這類問題。但我堅信「我所接觸的人，一定都有正能量」，所以不怎麼煩惱這些問題，只要不是嚴重妨礙備考生活的事情，像是平日忽然邀約的聚會，我都不設限。每次見過對我有益的人，當天總讓我深有感悟，或者說充滿能量，開拓了新的視野。因為我從他們身上獲得了正能量，有了繼續前進的動力。

04 成功靠運氣，考試也是，我這樣找運氣

我想透漏一個心裡一直保守的人生祕密，那就是——成功靠運氣。應該有不少人反對這句話，甚至會這麼反駁我：「你在前面不是提到一萬小時法則，說效率比努力更重要，現在又說什麼成功靠運氣？」「你到底要貶低努力的價值到什麼地步？」

我想告訴這些人：「不是的。努力絕對是成功的先決條件，我只是認為自己的運氣，發揮了更強大的效果而已，請把我的故事聽完。」

只有掌握機會，才有可能成功，但是機會的出現總是猝不及防。雖說努力一定會等到機會，但是很抱歉，現實是有許多人勤勞踏實，依然過得辛苦；另一群

人生活懶散，卻出人頭地。

這麼看來，機會會不會降臨在我們身上，除了神之外，恐怕沒有任何人可以給出肯定的答案。

在不知道自己運氣好不好的情況下，你該如何規畫未來？我在規畫未來時，通常會假設自己運氣不好。

就拿彩券來說，我偶爾會在家門前的小彩券行買彩券，從布條上寫的「二度開出二獎」來看，這間彩券行沒開過頭獎。雖然我買彩券時，心裡都想著「我來幫你開出頭獎」，但是至今中獎的金額最多不超過五千韓元，所以我不可能冒險把所有財產投入只看運氣的彩券。

因此我購買彩券的金額，只會在沒中獎也無所謂的範圍內，因為我這個人一旦假設運氣不好，就會開始規畫人生。

明明討厭上學，卻努力準備大學入學考試；明明對服飾產業興趣濃厚，卻忽然轉戰公務員考試，這些行為的背後，都有一個「運氣不好」的假設。如果高中休學，運氣不好的話，該怎麼辦？如果一頭栽進服飾產業，運氣不好的話，該怎麼辦？

前面說過，我不喜歡準備考試，只想做自己喜歡的事情。但是很不幸的是，我心儀的工作都需要天大的運氣。我不像金妍兒選手或李承燁選手（譯註：韓國職棒選手，有「國民打者」的稱號）那樣，有與生俱來的天賦。

所以我沒辦法賭上自己的人生，跳進需要絕對天賦的領域，像是寫作、演藝活動、發揮經商手腕的業界。即使硬著頭皮衝撞，我也一無所有，最後我所能挑戰的，只有相對公平、付出就能有所收穫的考試。

沒有其他天賦的我，無論如何都得努力才能勉強活得平凡，而公務員考試是我唯一的希望。

我可能是信心不夠，也可能是一開始除了學習之外，就沒有其他才能，但是我想設定一道生命最基本的底線，在運氣不好的情況下保護自己，坦白說，我也沒有膽量讓擔心我的人陷入焦慮，只是想預防彩券沒有中獎的情況，這也沒有什麼不好。

如今回過頭來看，當初我所設定的「底線」，反倒建立了我的信心，讓我知道，這種程度我也辦得到；另一方面，幸好「運氣好」的些許期望也沒有完全熄滅。無論如何，我現在不也在寫自己想寫的書嗎？

我要向各位坦白，其實我依然真心祈求著好運。每週五晚上的下班路上，我總會掏出五千韓元購買彩券，每天也會從小事做起，祈求好運的降臨。機會不會主動找上我，所以我用五千韓元來等待好運。這是散漫的我，能夠挺過乏味的備考生活的唯一原因。

第 6 章

考試當天的搶分密技

考場的座位安排、書桌和椅子的高度、廁所問題，還有鄰桌抖腳的考生，考試當天在意的事情實在太多。

在這個不容許犯一點失誤的重要日子，我想告訴各位幾個可以派上用場的實用技巧。

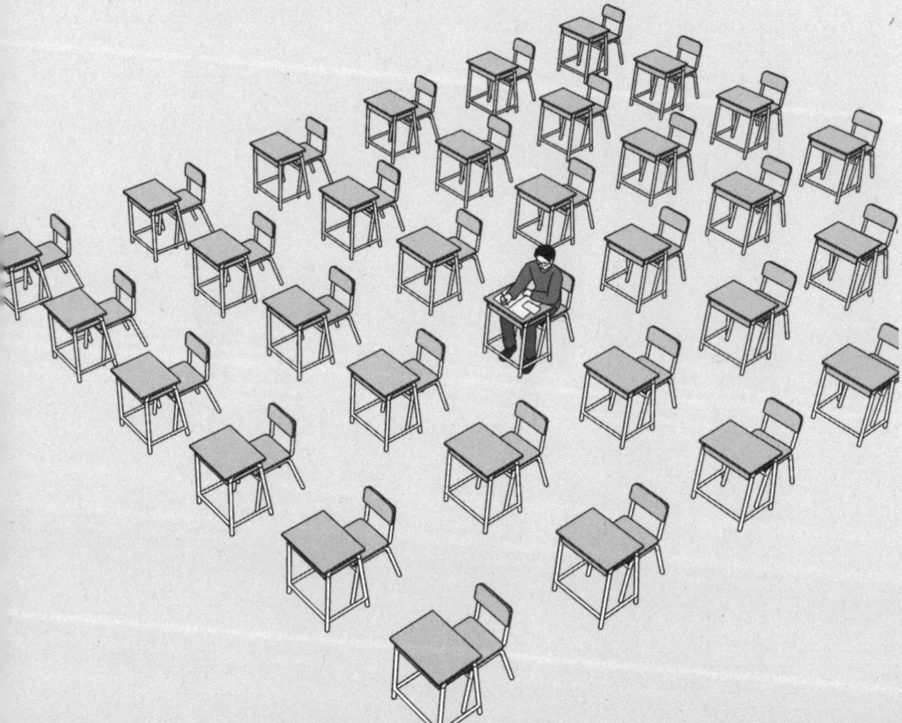

01 別再發生：「我會，只是答錯了。」的遺憾

「我會，但是寫錯了。」說這種話的機會，似乎在國中階段已經全部用光了。年紀越大，越覺得會寫但是寫錯的說法，反而讓自己更加難堪。說完這句話後，人們口中「寫錯也是一種實力啊」的揶揄，聽起來也越來越刺耳。

「什麼話啊，寫錯為什麼是實力啊？」我一點也不想承認。當時，已經到了不得不宣布和答題失誤開戰的境地了，茫然又無助，如果是不會寫才寫錯，只要再努力學習就能解決，但是，答題失誤該如何避免再犯呢？

在什麼範圍內算是失誤，每個人的定義肯定都不同，不過如果考完試對答案，連心裡想到「啊，原來是這個，我沒想到是這麼理所當然的答案」，都能算

進失誤範疇內的話，那麼不需要默背的國文考試寫錯時，也都能算是答題失誤了。

答題時間再怎麼緊迫，也應該謹慎解題；檢查再怎麼煩人，也應該重新仔細檢查寫完的題目。對考生而言，「仔細」是最強大的武器，減少失誤，才有機會通過考試。

散漫者的學習攻略：
加倍努力

散漫者想要謹慎答題，必須比別人多花兩倍的努力。

▶ 圖表6-1　別再說：「我會，只是答錯了。」

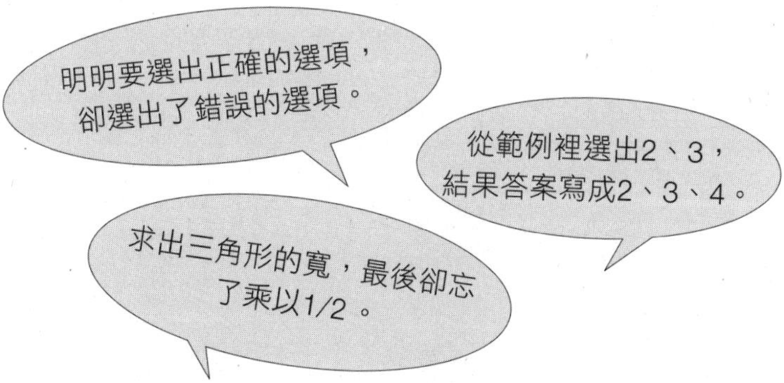
明明要選出正確的選項，卻選出了錯誤的選項。
從範例裡選出2、3，結果答案寫成2、3、4。
求出三角形的寬，最後卻忘了乘以1/2。

失誤筆記有助於減少失誤，只不過將所有答錯的題目整理成失誤筆記，並不是一個好辦法。收集所有答錯的題目後，必須根據不同類型分門別類，例如寫數學題目時，有時會寫錯加法，有時會寫錯減法或微分。

將這些題目整理進「單純計算錯誤」的類型，在考場上做四則運算時，必須更專注、謹慎。如果答錯的題目是誤讀題目，那麼最好養成細讀題目的習慣；如果經常漏掉題目的條件，最好先標示出每個條件，再重複確認。

在整理失誤筆記內不同類型題目的過程中，將可發現類似的失誤不斷重複。即便答錯的題目有數百個之多，最後必然可以歸納為十個左右的類型，光是了解自己在什麼部分反覆失誤，就能大幅降低

▶ 圖表6-2　將答錯的題目分門別類，整理進失誤筆記吧。

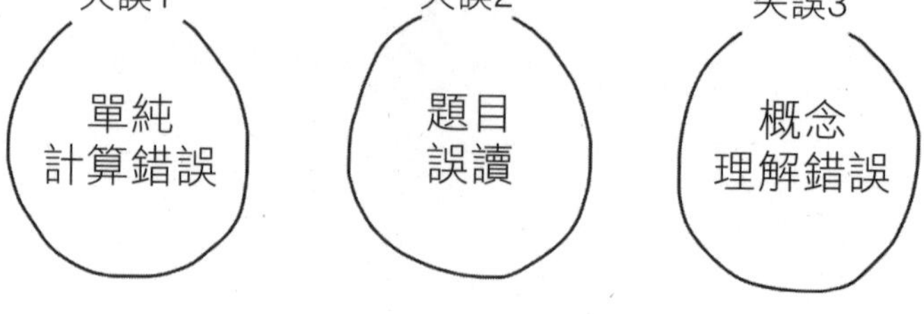

因為失誤答錯的頻率。

在寫題目時，如果心裡出現一個「這就是我常寫錯的地方」的聲音，代表已經成功一半了。

坦白說，我並不是失誤筆記的信奉者，雖然試過很多遍，卻總是中途輕易放棄，因為隨著閱讀量的增加，學習的難度越來越大，只好先在答錯的題目上標記，再繼續往下檢討。

我不會在題本上寫答案，不過會在錯誤的題目上打星號，如果又寫錯一次，就多打一顆星，考前再針對有許多星號的題目掌握相關內容。還記得我有幾題一錯再錯，錯到懷疑人生，所以在題目旁邊寫道：「笨蛋，這不是計算錯誤嘛！連四則運算都不會嗎？唉唷！」其實應該還有更難聽的髒話，但是無論如何，被自己罵過一次後，確實也因此覺醒了。

許多人建議寫完題目再來驗算，不過這種「考到一半再來檢查失誤」的答題態度，反而更容易造成失誤。我在公司工作也有這樣的體會，通常打報告的時候，如果心裡想著最後再來檢查錯字，那麼打錯字的頻率更高。有些錯字甚至印出紙本來檢查，也不容易找出錯誤。

考試也是如此。有些題目再怎麼寫，最後也看不見失誤的地方。尤其是國文科題目，第一直覺通常相當重要，塗塗改改後還是寫錯的經驗也不少。一開始答題，最好就確實回答，才能大幅降低失誤。

驗算時，也別用第一次答題的方式，不妨用不同的方式解題，或是倒回來檢查算式，也不失為一個方法。

解題盡可能簡潔明瞭，有利於避免失誤。一旦養成答題潦草的習慣，就可能在「龍飛鳳舞」的過程中迷失解題的方向，再說驗算時，也不容易從潦草的答案中找出失誤。

考試永遠要與失誤正面對決。被考試時間追著跑，心急如焚的話，我也特別容易出錯。有些朋友擬定「兩分鐘寫一題」的計畫，把碼表帶到考場計算每一分一秒，這點我完全辦不到。

還記得我曾經在考試中，知道只剩幾分鐘後，心臟撲通亂跳，甚至雙手發抖，最後搞砸了考試。尤其是要讀完說明文才能回答的題目，越急著寫題目，越容易錯過重要的資訊。

所以，後來我學會在考試結束前，盡可能不看時鐘。答題的時候，一旦覺得「這題好像花了太多時間」，便果斷跳到下一題，做好時間管理。考試時間內，我總會在心中喊出「給我用不完的時間！用不完的……」的咒語。有時候心裡這麼想，還真的有時間延長的感覺。

最後，我想談談失誤而寫錯答案之後的心情。因為失誤而搞砸考試後，抱怨「題目出錯了」、「沒有發揮出平常的實力」、「今天身體狀況不太好」，想要逃避或否定現實的態度，對減少失誤絲毫沒有幫助。

因為失誤而寫錯答案，心裡受到衝擊時，最好接受這個衝擊。告訴自己：「我還是實力不夠，沒辦法盡善盡美的寫完題目。」給自己當頭棒喝，反而是最好的。因為解決問題的線索，永遠都得在面對問題後才能找到。

02 想要搶高分，四件事不可少

回顧備考期間，我的心情也同樣焦急，無論動用任何方法，都想要多答對一題，只要對通過考試有幫助，無論那是什麼方法，都非知道不可，這不正是考生的心嗎？

即使是灑落教室的一道光線，也可能影響考試。更別說一道題的對錯，就可能決定考試的合格與否。所以不妨用防守的態度來了解下列技巧吧。

考場的座位安排、書桌和椅子的高度、教室溫度、午餐菜單、廁所問題，還有鄰桌抖腳的考生，考試當天在意的事情實在太多。要是在莫名其妙的地方跌了一跤，恐怕好幾個月乃至於好幾年內累積的辛勞，都將付諸流水。

希望各位在考試當天，都各有自己調節身體狀況的方法。至於這裡所介紹的幾點技巧，希望能幫助各位在急迫的情況下，盡可能減少分數的降低。

一、選擇題要聰明猜答案。

雖然有些考生無法苟同「猜答案」，但是我非常同意「猜對答案也是實力」這句話。這個世界上當然不存在百分之百猜對答案的方法，不過別因為無計可施就隨便猜。搬出人生至今學會的各種小伎倆，再從中選出最合理也最有說服力的方法吧！

・狀況一、考試結束前三十秒，只能猜答案。

有兩種方法。第一，如果是**找出錯誤選項的題目，那就選擇有肯定詞的選項，例如「一定～」、「只有～」、「必須根據～」**。**反之，如果是找出正確選項的題目，那就選擇沒有肯定詞的選項，例如「可能～」、「有～的可能性」這類有所保留的句子。**這些模稜兩可的句子，有很大的機率是要欺騙你。

第二，在找出錯誤選項的題目中，選擇句子長度最長的選項，也是一種辦法（雖然聽起來像玩笑話）。如果是兩個句子結合，一個句子包含兩種意義的話，其中一個句子為錯誤事實的機率也相當高。

・狀況二、如何快速找出正解？

有些題目必須檢查甲、乙、丙、丁的正確與否，而選項的安排如下。

①甲、乙②甲、丙③丙、丁④甲、丙、丁⑤乙、丙、丁

在這個情況下，答案為②或④的機率占一半以上。出題者希望考生盡可能看完更多的範例，再來選出答案。當範例的順序為甲、乙、丙、丁時，出題者大多假設考生會先從甲開始檢查正確與否。

如果答案沒有甲，那麼考生就會選擇③和⑤其中一個選項。那樣的話，即使只檢查乙，也可以找出答案。整體來看，出題者出題不希望考生只檢查兩個範

例，就可以回答問題，所以答案包含甲的機率較大。

①一樣只要檢查兩個範例就可以，因此包含丙在內的②和④其中一個，可能就是答案。雖然是猜答案，還是得從②和④當中選擇一個。時間緊迫時，不必檢查全部範例，只要先檢查丁，再從②和④當中猜答案就好。這個方法猜中正確答案的機率相當高。

・狀況三、考試即將結束前，只要這樣猜剩下的題目。

在所有答案幾乎都答對的假定下，計算每個答案的數量後，再用最少出現的號碼來猜答案。出題者出題時，必須平均分配答案的號碼，因為不允許學生全部猜一個號碼，卻答對一半的情況發生。

二、字跡寫工整一點，沒有任何壞處。

在問答題考試中，字跡越工整，越有利於得到高分。如果有人說：「字不用寫那麼漂亮。」很抱歉，這不過是他們把自己潦草的字跡合理化，所編出來的說詞而已。

不必因為改變不了字跡而沮喪挫折，**只要刻意把子音寫大一點，看起來就會工整許多**。其實原本習慣把母音寫得長一點，讓字體看起來有模有樣的我，在備考期間也換成了容易閱讀的字跡。經過把子音寫大一點的練習後，發現字跡出乎意料的容易改變（譯註：有關韓文子音與母音的敘述，與中文不同，無法直接對應；中文書寫時，字的大小盡量一致、字要置中對齊等）。

字跡是答案卷給人的第一印象。正如與人相見，第一印象相當重要一樣，答案卷的第一印象也至關重要。

三、時間急迫時的二字默背法（雖然有些幼稚）。

面對需要默背龐大資料的考試，我認為把其中兩個字拿出來默背，效果是最好的。然而這並非機械式的將前面兩個字拿出來默背，這兩個字必須盡可能是自己可以記得最牢固的字。

不過為了避免只記住兩個字，卻想不出其中內容的尷尬處境，事前必須有所準備。唯一的方法，就是利用聯想記憶法的原理，在串聯概念與內容的同時，將這兩個字本身視為一個意義來理解。

其實我曾排斥二字學習法，應該說看起來有些狡猾，但是在考場上緊張的腦袋一片空白時，有過幾次腦海中浮現兩個字的經驗後，我就不再抗拒了。在必須盡快提取記憶的情況下，能輕鬆回想內容的二字默背法將可帶來極大的幫助。

四、設定一個強大的優勢科目。

比起強項，考生大多更在意弱點，但我正好相反。因為在所有科目平均維持在一定水準以上的情況下，**想要增加自己對考試的信心，就必須找出自己的優勢科目。**

學習以優勢科目（考試中最有信心的科目）為主，再補強弱點科目，才能順利準備考試。無論考試的難易度如何，是否「擁有能持續取得高分的科目」，才是左右能否快速合格的決定性因素。

各類運動團隊重金禮聘明星運動員，是有其原因的，因為明星運動員加入團隊，能帶來穩定團隊整體氣氛的效果。而當團隊處於低潮或屢戰屢敗時，明星運動員能在終結接連的失敗，一掃團隊的陰霾上，發揮決定性的影響。所以球隊中的王牌投手如此重要，因為他們能發揮扭轉局勢、帶領團隊獲勝的力量。

考試也是如此，假設第一科搞砸了，雖然你告訴自己別在意搞砸的科目，專心準備第二科，然而實際上沒那麼簡單。如果煩亂的心情可以像 Switch 一樣，說開就開，說關就關，我們大概也不會受考試壓力的折磨了。

不過如果第一科搞砸，而第二科考的是優勢科目，情況可就不同了。這時信心大增，「我還可以用第二科挽回第一科的失分」。只要第二科徹底發揮實力，便能完全逆轉當天考試的走向，接下來第三科、第四科必能信心十足的應考。

優勢科目的另一個優點，是有助於平時掌握學習的節奏，學習困難的科目時，任何人都可能感到厭煩，又累又想放棄，此時改為學習優勢科目，能轉換心情。最重要的是，這種學習進展順利的感覺，也能在學習其他科目時發揮力量。

進入備考生模式後，先找出你最拿手的一科吧。

五、打造一個愛的小物。

還記得我小時候有一條經常抱著睡的小被被，沒有這條小被被就睡不著，還會變得焦慮，即使年紀逐漸增長，還是無法放下這條小被被。如果被媽媽偷偷拿去洗，那天小被被獨特的香味消失，更是無比難過。長大後才聽別人說，這條小被被是一種「慰藉物」（comfort object）。

考試當天，我一定會帶自動鉛筆，為了預防弄丟，還要買其他顏色一模一樣的產品。奇妙的是，手中握住這支自動鉛筆時，心情竟逐漸平靜了下來。

你也不妨打造一個可以帶去考場，只有你專屬的愛的小物。雖然不知道它對於舒緩緊張情緒有沒有幫助，不過要說副作用的話，大概是考試前弄丟時，會有相當強烈的失落感。

03 國文選擇題怎麼搶分？不要錯中找錯，而是對中找對

如果這本書有什麼部分非讀不可的話，我想推薦接下來要說明的內容。因為多虧了這個某天忽然頓悟的祕訣，我才能在國文科拿下將近滿分的成績。

在求學階段，國文課學的是詩詞，以及其中蘊含的意義，也會學到閱讀非文學類的說明文時，如何概括段落大意、掌握內容的結構，再快速理解內容。但是走進考場，如果只照自己的想法解釋說明文，那麼這一切知識都將化為泡影。

我經常這樣，總是想太多，又缺乏專注力，比起出題者的用意，我更重視自己的想法，所以容易落入題目的陷阱。雖然其他人都要我掌握出題者的用意（這也是散漫的考生容易犯的失誤），但是我似乎潛意識裡更在意自己的想法。

直到我按照自己的方式解釋說明文，再看過答案後，才理解為什麼我會答錯，不禁用力拍了一下大腿，深感扼腕。有時光是要理解答案的原因，就得花上一段時間。

數學只要多寫練習題，英文只要多背單字，都可以拉高分數，而國文需要我改變自己的思考系統，所以實踐起來相當困難。在經過一陣苦思後，我嘗試了幾個方法，這裡要介紹的正是我親身驗證過效果的方法。我所找到的方法如下：

①三％②三一％③九％④二％⑤五五％

這是某次考試實際出現的國文題目正確答案比率，題型是選擇「最適當的選項」。即使是答錯率再高，甚至左右考試難易度的題目，正確答案的比率也不脫離不了下列定律。

有高達三一％的人選擇②，這個結果代表什麼？意思是包含五五％選擇⑤正確答案的人在內，任何人只要稍微想錯，都可能選擇②號作為答案。考生之所以選擇容易落入陷阱的②號選項，並不是奇怪的事。

因為若非為特定問題，大部分有辨別力的問題皆會出現易混淆的兩種選擇，接下來說明如何從中選出正確答案。

好，請各位想像一下，自己在大考當天國文科的考場中，遇到了上述的問題。幾乎所有考生都會有類似的解題過程：首先淘汰①、③、④號選項，留下②和⑤號選項後，陷入天人交戰之中。

為了淘汰②和⑤其中一個選項，考生們開始尋找哪個選項較不適當。接著在心中推理「②因為□□的原因不適當，所以⑤是答案」，或者「⑤因為△△的原因不恰當，所以②是答案」。錯誤正是出現在這裡，應該反過來才對。

「沒錯，②也可能是適當的，但是因為○○的原因，⑤更適當，所以這才是答案。」應該這麼思考才對。

為什麼要這麼思考？我們必須先注意「最」這個字。包括大考也是，如果我們仔細看國文科考題，**在選擇錯誤選項的題目中，會問「不適當的選項」；而在選擇正確選項的題目，則會要求選出「最適當的選項」**。

其實在選擇「不適當的選項」的題目中，不需要「最」這個字。因為任一個不適當的選項，都必然存在絕對錯誤的原因。反之，在選擇「適當的選項」的題目中，正確答案只要「相對」適當就可以。

也許一考完試，考生之間會立刻針對②號選項展開爭論。有時主張②號的朋友，想法聽起來也不無道理，不過那是因為朋友從中找出自己認為正確的原因，才寫錯答案的吧？那個朋友肯定也在②和⑤之間掙扎過，只不過他找出了②正確的原因。

換言之，在選擇「最適當的選項」的題目中，他認為②只是比⑤相對不那麼適當，所以執著於找出②號適當的地方，選擇②號作為正確答案。

反之，⑤有著絕對是正確答案的明確原因。因為正確答案，不會有不同的意見。包含②在內的其他選項，都有不該是正確答案的幾個原因。之所以每個人的解釋不同，原因也在這裡。

換句話說，在選擇「最」適當選項的題目中，針對②是正確答案還是錯誤答案，每個人都可以提出五花八門的證據來說明，但是⑤是正確答案的原因相當明確，所以只要從選項裡找，很快就能找到。

聽起來似乎很複雜，所以**我再做個總結。當我們選擇正確答案的時候，心裡想的應該是「好，②你也可能對。但是⑤很明顯就是對了，所以我要選⑤」**。題目一開始既然是要考生選出最好的，也就是「所有選項中第一好」的答案，就照題目的指示選擇吧。

然而或許是多數考生只花心思在選擇錯誤的選項，所以一直以來思考的方向都和題目的指示背道而馳。

如果答案選擇了⑤，就沒有必要非找出②錯誤的原因不可。在旁邊標示問號，心裡會比較舒暢，也是最保險的。因為當你心裡想要找出②為何錯誤的開關一啟動，就可能咬上魚餌。

我想說的是，②這個充滿魅力，足以讓三一%的考生上當。明明只要在有限的資訊內尋找答案，一些個人想法較強烈的人，卻往往自己創造出題目所沒有的資訊。

散漫者的學習攻略：
故意不要按照原來的想法

尤其越是固執且主觀意識較強的人，越要小心。因為按照自己的想法找出原因時，很可能已經上鉤，思考方式朝錯誤選項的方向前進。

當然，如果有考生能在閱讀說明文的同時，清楚掌握內容的結構，甚至分析考古題，洞悉出題的原則，那麼無論是淘汰錯誤選項，找出正確答案，還是找出最正確的答案，完成作答，都不會有太大問題。

▶ 圖表6-3　國文科考高分祕訣？

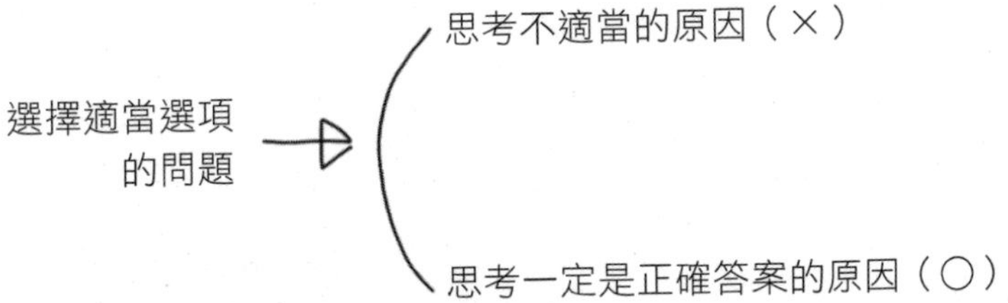

只不過有一點必須注意，就像詩人寫以自己的詩出題的大考題目，也無法全答對一樣，每個人在閱讀說明文後，對說明文的解釋也不盡相同。如果你是對國文科答題有障礙的人，務必嘗試以上所說的方法。

說明文的內容雖然複雜，不過結論相當簡單。答題遇到困難時，不必非得找出錯誤選項為什麼是錯誤選項的原因，只要找出正確答案為什麼是正確答案就好。經過訓練後，對回答國文科選擇題一定大有幫助。對於像我這樣經常照自己的想法解釋說明文的散漫人士，更是如此。

【專欄】

因為散漫，所以我學習

・肯定明日

有些事情，至今依然後悔。國中三年級時，我曾主動找上整形外科，照X光檢查骨頭。醫生告訴我：「生長板幾乎都閉合了。」從那一刻起，我的成長真的完全停止。我徹底體會到明日的希望被奪走，希望瞬間消失的感受。

明天、明年乃至於未來會如何發展，我們不得而知。不過可以確定的是，今天會比昨天過得更好，相信成長板永遠尚未閉合吧！期待光明燦爛的明日，將會是熬過備考期間的動力。

・向過去的自己學習

有人說年紀越大越成熟，不過我似乎相反。再怎麼想，我都覺得過去的自己更聰明、更堅強。

我經常將過去寫的日記或信紙、隨身攜帶在錢包內的名言拿出來看。「這個想法真好！」過去的我明明比現在的我年幼，卻有許多值得學習之處。

國中階段的我，還寫下現代集團創辦人鄭周永會長說過的「凌晨四點起床」這句話，貼在書桌前，每天凌晨六點起床。回想自己過去的模樣，我獲得了不少啟發。覺得明天凌晨六點起床，應該還是辦得到的。

・因為散漫，所以學習

如果有人好奇這個看起來輕浮、精神渙散、忙著四處東張西望的我，是如何學習，又為什麼選擇考公務員，我會這麼回答：

「因為散漫，所以學習。」

在備考期間，看見朝著「合格」目標邁進的自己，發現一天最長可以學習八小時到十小時的自己，那種喜悅難以言喻。或許有人會說：「對於我們這樣的平凡人來說，也許通過考試才是最後的歸宿吧。」不過我更想鼓勵各位，「所有散漫人士一起加油吧！」

散漫的你，現在已經做得很好了，再多堅持一下吧！

第 7 章

給曾經、正在、未來依然散漫的我們

不管是什麼遊戲，打倒最後關卡的大魔王一定是最困難的，備考生活也是一樣。

儘管散漫，卻依然堅持到最後的你，在最後的危機降臨時，該如何獲得打倒最終大魔王的力量？

01 十多歲考生和二十多歲考生的差別

現在起，我想談談十多歲考生擁有，而二十多歲考生不具備的三個條件。我們不妨用「高三大考倒數一百天」和「二十八歲考生公務員考試倒數一百天」來比較。

不過我的目的不在於強調哪一邊更累或更辛苦。即使可以搭時光機回到過去，應該都不會有人想回到擺脫不了考試的過去，不管是十多歲還是二十多歲。

十多歲考生和二十多歲考生的差別，幾點如下：

一、體力

高三階段，即使吃完午餐後踢足球，吃完晚餐後再踢足球，汗流浹背回到教室，還是可以專注學習，這個年紀完全不必依賴咖啡因，早上六點半出門，能在學校認真堅持到夜間自習課結束的夜晚十一點。

其實就算不認真，也算有「堅持」。雖然參加模擬考當天，緊張得吃不下飯，不過除了這些日子外，平時多數食物的攝取都算正常。

進入二十歲尾聲後，就像被宣判死期的人一樣，勉強度過每一天。高中階段還不知道，日後的我竟會如此懷念學校營養午餐，在專供公務員備考生飲食的餐廳或餐館吃的飯，似乎正一點一滴消耗著我。每一餐都得花錢買，餐費的負擔也不小。

像是為汽車加入汽油一樣，每天灌入喉嚨的咖啡因，就更不必說了。後來我就連咖啡館買的咖啡都嫌貴，只能每天飲用罐裝咖啡，趕走瞌睡蟲。每天灌入嘴中的，不管是什麼，一定找最便宜的喝。

二十歲尾聲也還算年輕，不知道是被新林洞（譯註：位於首爾市冠岳區，為韓國著名的考生聚居區）的氣勢所震懾，還是什麼原因，每天都過著噩夢連連的生活。十多歲年輕人的霸氣，我是連車尾燈都看不到。

二、朋友

我高中就讀的學校，每層樓都有男生更衣室，每天晚上，我總是和朋友們一起躲在更衣室吃泡麵，這種偷偷品嘗的滋味，至今仍難以忘懷。高三時，身旁經常圍繞一些朋友，即使是不怎麼有趣的笑話，也會和我一起捧腹大笑。模擬考成績無論是好是壞，大考是否即將逼近，反正船到橋頭自然直，我只想和朋友打鬧說笑。

那真是一段天不怕地不怕的日子，在我心中，高中階段除了讀書，其他一切是那麼幸福，也感謝那些真心交往的朋友，我才能留下如此美好的記憶。

相反的，在二十多歲的備考生活中，一個朋友也沒有，想必重考生也是一樣，我甚至對自習室坐在旁邊的陌生人，產生好感。光是被關在同一個空間一起學習的理由，就足以讓我多次對鄰桌的陌生人自作多情。一個人吃飯已經是家常便飯，至於人與人的關係，我已經分不清是友情還是競爭了。

會不會說得太悲傷了？換點正面的話題吧。我和備考期間認識而一起學習的一些朋友，後來也逐漸培養出革命情感，至今仍保持聯絡；有些朋友後來變成公司的前後輩或同事，經常見面，也有些朋友私下聯絡見面。

比起社會上結交的人，在備考期間認識的這些人更加珍貴，不過坦白說，還是比不上高三一起在漆黑的更衣室捧腹大笑的朋友們。這是我真正的心聲。

三、下一次

當然，這個世界上幾乎不會有人沒有「下一次」，只有年齡會增加，考試每年都會舉行，但是沒有考生準備考試，是為了下一次的考試。就像高三生不是已經決定重考，才踏進大考考場。

在十多歲的學習中，下一次所乘載的重量，與二十多歲感受到的重量截然不同。在討論下一次之前，我們得先假設考試搞砸的情況。即使失敗，十多歲還有轉圜的餘地，然而到了二十多歲，卻已經無路可退。

二十多歲承擔著各種情緒，像是「沒有地方願意接受自己」的憂慮，以及就像站在沒有欄杆的公寓屋頂，一腳伸向外邊的急迫感與恐懼感……。

或許有人認為我寫這篇比較十多歲與二十多歲的文章，是為了讓讀者同理二十多歲考生的困境，不過請別誤會。其實我撰寫的目的，反而是希望十多歲的考生來讀。

正在就讀高三的你們，可能覺得這段時間痛苦得要死。但是再怎麼說，你們有大量的精力，也有所愛的朋友在身邊，正度過人生中珍貴的時刻。在這青春正盛的階段，我想鼓勵各位再多加把勁。

還有，在考場上也不必太緊張。因為還有下一次。這裡說的下一次，不是指重考，而是你們光明燦爛的十多歲人生。加油！

02／考試和人生一樣，事事難料

棒球場上，打者站上打擊區；考場上，考生接過答案卷；對於各種衝動與刺激敏感的人，走在人生道路上，這三個情況的共通點是什麼？答案是「都是難以預料的情況」。

打者無法預測投手會丟出直球，還是曲球、變速球，雖然大多會是直球，不過總會出現變化球；考生同樣無法預測考場上會出現什麼樣的題目；生命也是。

我們料想不到何時會忽然降下一場雨，喚起我們的多愁善感，也無法預料午餐吃下的飯捲已經腐壞，會讓我們在五分鐘後陷入肚子難受的痛苦。如果打者能為每一種球路預作準備，那麼他只需根據這些球路練習，不過這是不可能的事。

打者只能在空曠的運動場上不斷練習揮棒，塑造最適合自己的揮棒姿勢，訓練出能應對各種球路的個人「打擊模式」；格鬥選手練習空拳（shadow boxing，邊假想對方存在的情況，一邊練習獨自練習揮拳的行為）；高爾夫選手在練習場上重複同樣的姿勢揮桿，原因也是一樣的。

在未來難以預料的情況下，人類所能採用的最好辦法，就是訓練「最佳處理模式」，來應對無法預期的情況。僅此而已。

考生不也是如此？雖然到目前為止都在談學習法，不過，即使運用每種學習法，也不可能連第○○頁第××行的□□字都背下來答題，只能訓練個人的答題模式，來面對各式各樣的題目。

假設有一道問答題的題目是：「請寫出青年辭職率持續增加的原因。」各位大概會先寫前言，再寫出三個左右的原因，最後總結。雖然這是所有人都在用的格式，但是就連這樣的格式，每個人都有自己獨特的答題模式。

如果是一位聰明的考生，會先想好一、兩句可以用於前言的名言佳句，甚至已經在腦中建立一個精密的答題模式，出現詢問原因的題目時，能分成社會因素、經濟因素、文化因素幾個面向來作答。

如果進入考場，拿到題目卷後，才開始構思前言要寫什麼，思考要如何找出三個原因，那麼這次考試搞砸的可能性相當高。

選擇題考試也沒有太大差別。考生想要寫完市面上所有題本，不僅沒有效率，也不太可能。就拿準備大考的英語科目來說吧，我們可以先將題目分成幾個類型，例如填空、文意測驗等，接著，根據題型來練習解題方法即可。

換言之，必須練習到拿到題目時，下意識說出：「啊，原來是這種題型，那我這樣解題就可以了。」用題型和答題模式來應對考試，是提高學習效率最好的方法，這點請千萬記得。

我們之所以在考前擔心得直發抖，最大的原因在於出其不意的打擊，也就是完全沒有料想到的題目，如果在考場上看到出其不意的考題，還能保持鎮定，就算是成功一半。

一個優秀的打者，在預測對方投出直球的情況下，接到對方投出變化球時，縱使無法打出安打，也懂得利用短打補救，等待下一次的機會。

生命也是如此。有時我們連自己當下的情緒都無法掌握，甚至連五分鐘、一小時後，乃至於明天的情緒會怎麼發展，我們無從得知。更別說像我這樣散漫的人，受到任何刺激都會立刻做出反應，情緒起伏也比其他人更大，這種狀態下，實在無法做出合適的預測與對應，只能心慌意亂，卻無能為力。

所以我得出一個結論：「這一生終究得用自己的模式來應對」。意思是營造一個平衡的身心靈，讓任何負面的刺激或情緒找上門，喊著「嘿嘿，讓我折磨折磨這傢伙」，都會知難而退，大呼：「咦？比我想像的堅強。我投降。」

或者即使這些刺激或情緒出現，也有寬大的包容力去接納它們。雖然這句話有些平淡，甚至聽起來毫無誠意，讓我有些難以啟齒，不過我還是想鼓起勇氣告訴各位：「請好好休息，好好運動，好好吃飯。」說得更抽象一點，就是找到生命的平衡點。

考生的備考生活，都在「一段時間平靜，又忽然感到空虛」的反覆中度過。尤其在備考生活如火如荼之際，這個週期會變得更短、更頻繁，一會看似正常，一會又陷入虛無之中。

為什麼？這是因為考生缺乏信心，只有滿心不安。明明正努力準備一件事，卻看不見結果。的確，唯有事情的結果可以預期，也照自己的期待發展，我們才能自信滿滿的走向未來。這麼看來，考生那樣的反應也是再正常不過的。所以平時心如止水，卻忽然感到一陣虛無的時候，也不必太難過。

在我還是考生時，聽到尋找生命平衡點這種不切實際的建議，心裡都想反駁：「不好意思，可以不要說這種理所當然的話嗎？」所以，你肯定也會對我提出的解決方法感到失望。

但我們無法否認的是，在身心靈最為脆弱時，憂鬱、大小病便會趁虛而入。無論是食道炎、腸炎、頭痛等，還是折磨我們精神的挫折、不安、想放棄的心，都是一樣的。它們總在人們脆弱的時候出現，將我們擊潰。

考試前夕，我的肚子經常鬧脾氣。食物一下咽，立刻感到肚子一陣翻攪，噁心想吐。不知道是胃、腸子，還是食道的問題，只當是原因不明的腸胃病。

每到這時，我只能先餓上一天，接連幾天再小心用餐，肚子才會舒服一些。再怎麼均衡攝取也嫌不夠的情況下，還得慎選食物攝取，確實不是一件容易的事。原因出在壓力嗎？後來只要肚子稍有不舒服的日子，我一定刻意早睡，平時也嘗試冥想，避免暴飲暴食或甜食，盡可能維持生活節奏的平衡。這麼一來，身體確實好了許多。

每一位考生都會有許多原因不明的大小疾病，也沒有特效藥。或許一開始就沒有可以一一對應與解決的方法，那就建立一個強大的應考模式，讓自己成為備考生活的第四棒打者！

03

「好想逃跑」，關於最後衝刺

儘管在過去幾個月裡被監禁、被放逐，他們頑強堅持等待，現在第一線希望的曙光才出現，卻足以摧毀恐懼與絕望都無法摧毀的心。

——摘自卡繆，《瘟疫》（*La Peste*）

被鼠疫吞噬一切的阿爾及利亞海岸城市奧蘭（Oran），因傳染病蔓延導致整個城市封閉。在封城結束那天到來前，生存是最優先的問題，然而當傳染病經過統計上的最高峰，開始進入希望的階段時，發生了令人訝異的事。

在這些努力堅持到現在的市民當中，出現了逃跑的人群，當絕望的深淵中冒出希望的新芽時，一些焦急的市民越過城市的封鎖線，向外逃竄。

希望的曙光與逃跑的群眾

晚上十點，覺得回家還太早，正想加快速度學習，腦海中又浮現許多回家可以做的事情，早在吃完晚餐的時候，還下定決心今天要讀到十一點的！各種藉口悄悄冒了出來。

「隔天想早點起床的話，十二點多就得上床，現在十點回家，還可以享受獨處的一小時」，這個想法誘惑著我，要吃宵夜？看YoutTube？連續劇？綜藝節目？還是玩遊戲？什麼都好。

但是為了看綜藝節目提早一小時回家，總覺得良心過意不去，於是又開始努力尋找其他更有意義的事情。「房間好像有些髒亂，要不要早點回家打掃房間？」「比起在這裡讀書一小時，回家讀書三十分鐘好像效果更好耶？」最後還把父母一起拖下水，「今天早點回家和爸媽聊天怎麼樣？」

希望的曙光和逃跑的欲望，是濃縮我備考生活的兩個關鍵字。我總是這樣，午餐時間三十分鐘前、晚自習結束一小時前、考前十天，對我都是一大挑戰。

在最後需要衝刺的情況下，情緒的起伏反倒更強烈。我想這正是因為「等等就可以吃午餐」、「晚自習結束就可以回家」、「考完試後，一切就結束了」的希望曙光。

專注力再怎麼弱的人，只要進入備考生活，就算哭著也會堅持下去，而在進入備考生活的中期後，還有信心「這次考試可能會考得不錯」。然而堅持到備考生活的最後階段時，卻總是遭遇危機。

尤其是考試即將進入尾聲，或是一天即將結束之際，不管是什麼遊戲，打倒最後關卡的大魔王一定是最困難的，備考生活應該也是一樣的。我們該如何獲得打倒最終大魔王的力量？又或者是否已經儲備這樣的力量了？

寫到這裡，該丟出一個重要的問題了。

「你是為誰準備考試？」

這是個讓人相當猶豫，不知該如何回答的問題。即使沒有刻意為誰學習，在不得不思考這個答案時，腦海中總會浮現我們深愛的人的臉龐。

在準備大考的高三階段，我依然認為學習是為了自己。心中所想的，大多是如何抓住自己的名聲，如何將名校的頭銜握在手裡，無論考得好還是不好，責任完全都在我身上；即使偶爾在意旁人，也只是關心別人眼裡怎麼看待我。

長大後投入考試準備的情況下，我無法不去想我所愛的父母和家人、女友（現在已經是我太太）等人的存在。雖然為自己而考的想法沒有太大改變，但是我也意識到自己的失敗可能帶給他們傷害。甚至出現這樣極端的想法：「我自己是可以承受失敗，但是這些如此信任我的人，能輕易接受我的失敗嗎？」

或許是因為有所覺悟，不希望傷害這些信任我的人，我心裡湧現了一股強大的意志。

在考試最後關頭，實在難以憑藉個人意志堅持下去。因為每次出現希望的曙光時，我總能用各種理由欺騙自己。打掃房間週末再做也無妨，非得今天打掃嗎？回家只要讀三十分鐘就夠了？大概在良心的驅使下打開書本五分鐘，又會立刻做其他事吧？

如果被那些誘惑說服，考試最後關頭必定後繼無力，這時，只要想到信任我的人，我會打消回家的念頭，因為我可以欺騙自己，但是我拒絕欺騙他們。

在**終點線前動搖的你，只是忠於自己的本性而已，不必感到太大的壓力**，被困在封閉的洞穴內，看見某處照進的一縷曙光時，肯定會坐立不安。你也是欺騙得了自己的，請接受這個事實。**即使某天早點回家，也不會有什麼問題。**

只是，當那些信任我的人的臉龐，清晰具體的浮現在腦中時，就再多坐一會吧。那樣一來，你將能獲得打倒大魔王的力量。

04／考試，能成為你實踐夢想的最大後盾

「你長大後想做什麼？」這是我最討厭的問題。我不想設定一個目標，讓整個人生都照這個計畫走，然而這個世界不斷催促著我，要我尋找適合自己的事情。這對散漫的我來說，是個不可能的詛咒，我什麼都想嘗試。

但是偏偏我考了公務員考試，甚至最近聽到有誰自稱我是公務員，對那個人的好感度立刻降低一半。早知道就勇敢創業了，早知道我喜歡寫作，就應該努力成為作家才對。但是創業是誰都做得來的嗎？書是誰都可以寫的嗎？我無法平息內心的不安。

二十八歲那年，抱著「船到橋頭自然直」的心情，我正式成為公職備考生，

不過在備考期間，如何強化動機的問題深深困擾著我，問題的困難度也和求學階段截然不同。

當然，就算當時是高三，也沒有提高我考試的動機，即便如此，當時仍擁有無限的可能性。滿心期待著只要我撐過這個時期，考上大學，就能盡情做自己想做的事情。

不過，在將近三十歲成為考生，心態可不能這樣，我在心裡與「有限的可能性」展開生死對決。在某些人眼中看來，這可能是無病呻吟，不過考生的心可不是那麼想的。

「通過考試後，我就會變成公務員，安然度過一生。雖然是穩定的工作，但是到了規定的工作年限，就得退休了，我的人生就這麼定下來了吧？人生就是到那裡了吧？往後就沒有機會再測試我所擁有的可能性了。」這是我當時的想法。

在社群網站上，瀏覽著那些生活精彩萬分的人分享的日常，一方面對他們的生活感到羨慕，一方面又覺得自己可悲，就算通過考試，也沒辦法彌補過去的那種心情。

當然，到了考前一週，滿腦子只想著快點繫上領帶，到政府大樓上班。在整個備考期間，只用這個想像來加強自己的動機，看來我確實太過散漫。不知道正在讀這本書的你，又是如何？

如果你是一個對各種領域充滿好奇，能快速回應新刺激的散漫者，我想只靠讀書來維持生計的工作，肯定不會是你的夢想，對嗎？

我想未來的世界，不會用一個職業來說明一個人的主體性。在二〇一八年俄羅斯世足賽中，冰島國家代表隊首度成功打進決賽，然而，球隊教練的本業是牙醫，守門員的本業是電影導演。測試自己任何可能性的機會，隨時都會出現。

明明夢想是作家、開咖啡館或書店、健身教練、歌手，為什麼卻在這裡準備考試？會出現這種疑問是理所當然的，不妨說服自己，**把目前的備考生活，看作是成為多才多藝者的準備過程。**

就算這個想法有點阿Q，那又怎樣？現實就是如此。通過考試而入職的公司，能作為你堅強的後盾，讓你去做自己想做的事，也可以一邊領薪水，一邊仔細尋找下一個機會。至少我是這麼相信的。

韓國小說家金英夏在TED演講中，說過：

我理想中的未來，是我們所有人都具有某種多重的主體性，只要發揮多重主體性當中的任何一種，就能成為藝術家。我在紐約搭計程車，前座貼著戲劇宣傳手冊和履歷。

計程車司機是戲劇演員。我問他主要演什麼角色，他說演李爾王（King Lear）。他是計程車司機，同時也是演員。我所夢想的，就是這樣的世界。

這不也是我們所夢想的世界嗎？

結語
三十多歲的我，依然是那隻狐獴

高一時，我的綽號是狐獴。狐獴是雙腳站立，轉動脖子眺望四方，隨時保持警戒的獴科哺乳類動物。每次同學打開教室門進來，我總會轉頭過去看，平常也喜歡四處張望，到處亂跑，大概是這個樣子很像狐獴吧。

我自覺頭髮抹上髮蠟，意氣風發的那個階段，彷彿就是我人生的全盛期，不過從我的綽號被叫做狐獴來看……別人可能不那麼想吧。

我不喜歡狐獴這個綽號，這個綽號實在太直接，把我自己才知道的散漫個性全洩漏了出來。朋友叫我狐獴時，我心裡總是這麼想：「別人都那麼沉穩，那樣得到朋友的信賴，也都有明確的目標，朝目標前進，為什麼只有我覺得這一切是那麼困難？」

隨著年齡增長，逐漸發現了狐獴這綽號帶給我的傷害。儘管多虧這段時間累積了一點小小的成就，也結交了不錯的人，還有依然信任我的家人，提高了我的自尊心，不過每當我想挑戰某件事情時，卻總是猶豫不決。無論任何事都是，像我這樣散漫的人，辦得到嗎？

仔細想想，我覺得自己不怎麼樣或遺憾的部分有兩種，一種是在我看來真的有問題，需要改掉的部分，另一種是我認為別人眼中自己不夠出色的部分。我似乎一直以來都特別在意後者的問題。

有時候可能是非常重要的事，卻因為我好動的特殊性向，而被別人看不順眼。現在重新回想，我好動代表著我比別人擁有更多某種東西，而這個東西也可能關係到我的才能。

「散漫」不也是我獨特的才能嗎？受到他人指責，就急著消滅散漫，最後可能連我所擁有的優點也全部消失。

其他人對我的評價，永遠都是身外之物，重要的是我認同自己的形象，並且在這樣的形象中一步步前進。可能某些時候付出了全部的精力，也可能某些時候一蹶不振。

最重要的是從失敗與成功、歡喜與悲傷、挫折與希望中，獲得對自己受用的啟示。而在這些經驗的累積下，一步步走向自己認為了不起的那種形象。

韓國作家殷熙耕在《鳥的禮物》中寫道：

為了戰勝所有打擊的對象，包含厭惡與憎惡，甚至是愛，我至今依然時時緊盯著它們。

我認為這個區別我和他人的散漫性格，本身就是我和別人的差異，也是我的主體性，生命就是原原本本接納自己模樣的過程，所以未來，我將繼續緊盯自己注意力不易集中這部分。真正認識到「我就是這種人」，對我而言就是希望。

我目前和太太兩人住在首爾明洞。明洞是外國觀光客和上班族川流不息的地方，每到夜晚，萬家燈火送上絢爛的秋波，和太太外出用餐的路上，我在霓虹燈與熙來攘往的人群間目不暇給，不停轉頭探看。

妻子看著我，說：「啊，不是有那種動物嗎？名字叫什麼啊？會站著四處張望的，你現在就像那個樣子。」現在我可以笑著回答了：「狐獴！」妻子：「啊對，狐獴！」

特別收錄

01 簡潔明瞭的問答題答題方法

問答題只要根據以下的格式答題即可。
「抽取兩個概念 ↓ 概念定義 ↓ 概念間的設定（個人主張）↓ 這麼思考的三個理由」

高三曾經上過問答題補習班，全是邏輯學、哲學等各種難以理解的內容，就算聽懂好了，也完全不知道該如何在實戰中應用。心裡反倒有這念頭：「為了寫問答題考卷，還得了解那些東西啊？」教問答題的老師說：「先提出一個假設，再用邏輯證明。」不過至少求學階段的我，完全無法理解要如何在實戰中應用。

問答題考試不是比出天下第一的作文比賽，反而更接近數學問題，甚至不是難度太高的問題。當你誤以為是作文比賽，決定用長篇大論填滿答案卷的那一刻起，文章只會變得拖泥帶水，這是搞砸問答題考試的捷徑。

1. 撰寫前言：挑出關鍵字，設定關係。

在問答題考試中，先設定好核心概念A與B的關係，並說明這麼思考的三個理由即可（只是要特別注意，應先設定好A改變則B改變的先後關係）。只要挑出適當的關鍵字，答題就算成功一半。

如果是有提示選文或條件的問答題，答題就更容易了。**選文中最頻繁出現的詞語，有很大的機率是核心概念**。舉例來說，假設有一道題選文的核心概念是「平等」和「經濟成長」。選出關鍵字後，只要表明自己的立場就好。「唯有國民平等，經濟才能成長。」像這種簡單的主張也行，為了說明那樣思考的理由，必須先定義自己所認為的平等和經濟成長。

這不必是辭典上的定義，**參考選文的定義或是鋪陳自己的想法也行**。可以站在所得分配的觀點定義平等，也不妨從心理學的層面定義，都沒有太大問題。

例如將平等定義為不存在貧富差距的情況，或是感覺一切公正的狀態，而經濟成長也可以從各種觀點來定義，例如產業的發展，或是國民所得的增加。光是「概念定義」與「關係設定」，就足夠寫滿前言了。

2. 撰寫本文：說明設定關鍵字之間關係的三個理由。

如果關鍵字之間的關係，是「唯有貧富差距消失（A＝平等），國民所得才能增加（B＝經濟成長）」，那麼請在本文寫下那樣思考的三個理由。分成第一、第二、第三來寫的方法，是最簡便的。可以舉例說明，也可以分為個人層面和國家層面等觀點來寫。

如果能依據短期、中期、長期等時間來區分，或者先準備好經濟、社會、文化等領域框架，再根據情況與邏輯寫出三個理由，就是絕佳的論述了。

請各位別想得太難，**只要把案例或想法塞進框架內就可以**，例如透過積極的福利政策縮減貧富差距，增加國民所得的北歐案例，或是「唯有縮減富人和窮人的所得差距，才能刺激個人勞動的欲望，提高國民所得」的想法。

不必反覆說明，即使是任何人都會說的話，也都按照格式一一填入即可。只要看清這才是問答題考試的本質，必能更簡潔扼要的寫完答案。

3. 撰寫結論：避免用重複的話結尾。

在結論部分，要再說一次自己想說的話就好，但是盡可能不要出現相同的敘述，即便真的無話可說，簡要敘述本文的內容也無妨。當然，如果能具備所有要素，包含理論或數字、證據的適當性及可信度、邏輯性的文字敘述等，自然再好不過，不過如果是必須在一定時間內寫完答案卷的考試，即使按照格式來寫，也足以獲得中間以上的分數了。

特別收錄

02 寫給散漫者的國英數學習法

專注時間不長的考生，對於閱讀國文科冗長的選文感到抗拒，即便如此，也別無他法。選文與其讀得快，不如讀得「正確仔細」。尤其非文學題目的選文，必須從第一段開始仔細閱讀才行。

因為第一段通常會介紹核心概念，傳遞該文章所要表達的主旨，所以，必須精準理解第一段，才能在接下來的段落逐漸掌握輪廓，讀懂整篇選文。

・散漫者的國文學習法：多注意正確選項，而非錯誤選項

想要節省時間，必須先區分出「邊讀選文邊解題」的題目，和「讀完選文再解題」的題目。有些題目必須理解全部內容才能答題，也有些題目只要大致瀏覽，就足以答題。選文較長的題目，最好在閱讀選文前，先瀏覽題目選項。

通常**選文越困難，題目反而更簡單**。因為有時**選文的閱讀難度高，答題的關鍵性資訊或提示反而刻意放在範例或題目中**，只是在瀏覽選文時，如果覺得太困難，請果斷跳到下一題，最後再回來解決。平白在這裡浪費時間，可能會打亂整個考試的節奏。

從長遠來看，想要拉高國文分數，我建議多練習總結選文。雖然錯誤選項有可能從選文的細枝末節來出題，不過正確選項多從選文的核心出題。再說國文考試必須在有限的時間內讀完選文，回答題目，所以最好在閱讀選文的同時，精準掌握段落與通篇文章的主旨。

實際考試中，沒有時間完整分析選文，再一一對應選文內容和每個選項，所以比起選出錯誤選項，最好還是透過摘要練習，培養挑選正確答案的能力。

散漫卻通過國文考試的考生密技

・留意全部、總是、經常這類限定範圍的副詞，常出現在詢問「相同」或「不同」的題目；然而、但是、此外等連接詞，常用於闡述文章的主旨。

・科技類選文請多注意理解原理、概念、因果關係、順序等，人文類選文則多注意對觀點的差異或主題、概念間的關係及範疇的掌握。

・選文為小說的情況，如果是第一人稱，則跟隨主角的視角來閱讀選文；如果是第三人稱，閱讀選文時應多注意人物關係。

・大多憑感覺閱讀後答題的詞彙，例如「玄妙」、「諷刺」等，最好額外整理起來，有助於熟悉概念。

・如果和文章脈絡毫不相干的句子，忽然出現在選文中間或結尾，代表有很大的機率出題，請多留意。

・閱讀選文時，先瀏覽範例或選項，再參考範例或選項閱讀選文。

・散漫者的數學學習法：精準掌握概念

數學的學習大致可以用兩種類型來區分方向，分別是逐步拆解不會的問題和正確回答已經會的問題。

想要解開不會的題目，必須先徹底了解概念。有些人即使把教科書當中的公式全部背下來，也回答不了題目，原因就在於沒有精準掌握概念。只靠單純默背公式就能解題的題目並不多，所以遇到不會的題目時，不妨多利用數學教科書，好好學習相關概念吧。

即便如此，概念又該用什麼方式學習？其實，只要理解到能向別人說明概念的證明過程就行。不少學生雖然熟悉函數、有理數、序列等概念，但是要求他們說明時，卻一時啞口無言。

說明不了，就不能說已經了解概念，請先測試自己能否說明數學教科書當中的所有概念。和身旁朋友一起互相測驗，也是不錯的方法。即使是同一道題目，概念的運用或使用方法也因人而異。和朋友一起解題，互相交換意見的過程，能讓我們學會用不同角度來看待題目。

答題時，當然要能證明公式經由什麼樣的過程推演出來。數學題目由於以不同方式來考概念，所以看起來都像是新的題目，我們必須精準掌握概念，才能在遇到困難的題目時，動用所有會的概念來解題。

另外，**為了正確回答已經會的問題，我建議徹底驗算錯誤選項**。製作誤答筆記、在題本上標示經常答錯的題目都可以，只不過在接近考試前，最好反覆且快速驗算答錯的題目，這樣才能在考場上盡可能減少失誤。

題目答案最好盡可能不看。回答一道數學題，至少要思考三十分鐘到一小時，雖然這個思考時間看起來像是平白浪費，不過其實是一種投資。因為思考的同時，需要釐清各種概念與運用方法，數學能力就是在這個過程中提升的。

不僅如此，最終解開千絲萬縷的困難題目時，讓人身心舒暢。這種快感是一股強大的原動力，讓考生感受到數學的樂趣，並且堅持繼續學習，不輕言放棄。

不管學習得好或不好，這種憑一己之力解決困難所帶來的快感，也許是備考生活中所能體驗的最佳時刻了。希望各位別因為不會解題而立刻翻閱答案，錯失了這樣的快感。

散漫卻通過數學考試的考生記憶

至今還記得高三某天的晚自習，花了整整三小時解開一道數學題。儘管我的專注時間不長，那天卻因為莫名其妙的好勝心和固執、煩躁、自尊心等各種情緒作祟，讓我忘了時間的流逝，全心投入在這道題上。

隔天算出答案，大喊「喔耶！」的那一瞬間，如今仍歷歷在目。如今回過頭來看，那樣微小的成就感，似乎是伴隨我度過漫長無趣的備考生活的養分。

・散漫者的英文學習法：用圖像記憶英文單字

英文學習有順序。英文實力嚴重不足的人，首要任務是背單字。多會一點單字，至少能大致掌握句子與段落的意思，有助於解題，只不過最好**避免一個英文**

單字配一個中文意思的一對一記憶法。

相較於蘋果、電腦、天空等肉眼可見的單字，英文選文更常出現宗教、寬容、愛這類難以描繪明確形象的單字。如果不能準確分析高難度選文中出現的這類抽象性單字，必然會在答題上遭遇困難。

尤其是使用一對一記憶法背單字時，一定經常遭遇這種困難。就以「generous」這個單字為例吧。與其用一個中文詞彙「慷慨」來背，不如想像一下我們聽到「慷慨」的中文時，心中會延伸出的大方、優渥、豐富等意思。

這時，**最好再繼續聯想各式各樣的形象**，例如善良的鄰居叔叔、寬容的國家法國。雖然不容易，不過請試著透過英英辭典接觸更多例句吧。

有時單字背熟了，卻難以應用在解題上。我們經常遇到句子裡的每個單字明明都看得懂，卻解釋不了，或者勉強可以解釋，卻不知道什麼意思的尷尬處境，從這時開始，就得培養閱讀能力了。

換言之，必須練習到像讀中文一樣，可以順利閱讀英文的程度。例如「I am a boy.」這句，如果從後面開始解釋，變成「男孩，是我」，閱讀速度自然會降低。必須從前面開始解釋為「我是男孩」，掌握句子的意思，才能同時提高閱讀速度與閱讀能力。

正如前面國文學習法中所介紹的，英文如果也能在閱讀的同時，掌握段落與整篇選文的主旨，閱讀能力必能大幅提升。

最後是許多考生的煩惱，那就是「文法要學到什麼程度？」我認為不必執著於文法。因為即使不懂文法，也不是完全無法閱讀。我認為只要能說明考試經常出題的文法，例如假設句或被動式是什麼，答題就不會有太大的困難。

散漫卻通過英文考試的考生密技

我們經常可以聽見這樣的答題建議：「在寫填空選擇題時，一定要正確解讀空格的前後句」，或是「看不懂代名詞或單字，就可能錯誤理解整句話的意思，所以一定要好好熟悉文法和單字」，但是在有限的時間內解題，常會變成某種程度憑感覺來閱讀選文。

其實，並不是要全部了解選文的單字，把句子完整翻譯為中文，才能在英文考試中回答正確答案，也不是選文中有幾個單字不會，就完全無法理解整篇選文的意思。

所以即便選文沒有太大把握，也請務必記住一點，那就是別錯過文章的大意！與其完美理解英文句子，不如好好把握選文的重點，也就是作者所要表達的中心思想，這麼一來，閱讀與解題必定無往不利。

也別忘了，文章的主題通常會在選文中以簡單的單字表達，或是只要稍微思考一下，就能推論出來。

參考書籍

《누구》，아사이 료，권남희 역，은행나무，二〇一三

•《何者》朝井遼，張智淵翻譯，貓頭鷹，二〇二〇。

《방법서설》，르네 데카르트，이현복 역，문예출판사，一九九七

•《談談方法》（*Discours de la Méthode*），笛卡兒，彭基相翻譯，五南，二〇二〇年。

《페스트》，알베르 카뮈，김화영 역，민음사，二〇一一

•《瘟疫》（*La Peste*），卡繆，嚴慧瑩翻譯，大塊文化，二〇二一。

《새의 선물》，은희경，문학동네，二〇一〇

•《鳥的禮物》，殷熙耕，文學村，二〇一〇。（譯註：無中文版）

來吧，
跑起來！

國家圖書館出版品預行編目（CIP）資料

散漫者的學習法：寫給坐不住30分鐘以上，考試仍想金榜題名的你 / 金應準著；林侑毅譯. -- 初版. -- 臺北市：大是文化有限公司，2022.02
224面；14.8x21公分. --（Think；227）
譯自：산만한 사람을 위한 공부법
ISBN 978-626-7041-54-3（平裝）

1. 學習方法　2. 讀書法

521.1　　110019312

Think 227

散漫者的學習法

寫給坐不住30分鐘以上，考試仍想金榜題名的你。

作　　者／金應準
譯　　者／林侑毅
責任編輯／江育瑄
校對編輯／連珮祺
美術編輯／林彥君
副 主 編／馬祥芬
副總編輯／顏惠君
總 編 輯／吳依瑋
發 行 人／徐仲秋
會計助理／李秀娟
會　　計／許鳳雪
版權經理／郝麗珍
行銷企劃／徐千晴
業務助理／李秀蕙
業務專員／馬絮盈、留婉茹
業務經理／林裕安
總 經 理／陳絜吾

出 版 者／大是文化有限公司
臺北市 100 衡陽路 7 號 8 樓
編輯部電話：（02）2375-7911
購書相關資訊請洽：（02）2375-7911 分機122
24小時讀者服務傳真：（02）2375-6999
讀者服務E-mail：haom@ms28.hinet.net
郵政劃撥帳號 19983366　戶名／大是文化有限公司

法律顧問／永然聯合法律事務所
香港發行／豐達出版發行有限公司 Rich Publishing & Distribution Ltd
香港柴灣永泰道 70 號柴灣工業城第 2 期 1805 室
Unit 1805, Ph. 2, Chai Wan Ind City, 70 Wing Tai Rd, Chai Wan, Hong Kong
電話：（852）2172-6513　傳真：（852）2172-4355
E-mail：cary@subseasy.com.hk

封面設計／陳皜　內頁排版／思思
印　　刷／鴻霖印刷傳媒股份有限公司

出版日期／2022年2月 初版
I S B N／978-626-7041-54-3（缺頁或裝訂錯誤的書，請寄回更換）
電子書ISBN／9786267041819（PDF）
9786267041826（EPUB）

Printed in Taiwan
定價／新臺幣 360 元